Vue sur le quartier des Pielettes, l'A55 et la plaine de Bolmon,
Le Rove (13), 2021

Zone industrielle de la Valampe,
Châteauneuf-les-Martigues (13), 2012

Point de vue n° 15 de l'Observatoire photographique du paysage depuis le GR2013
série *Paysages usagés*, avec Bertrand Stofleth

Portique limiteur de hauteur aux abords du village,
rue de Paris, Arnouville (95), 2024

Troupeau de chèvres sauvages dans les carrières de la Nerthe,
Châteauneuf-les-Martigues (13), 2020

Apport de sable sur un ancien lieu d'habitations informelles, bois de Bondoufle (91), 2019

série *Anti Installation*, avec Jordi Ballesta

Tranchées sur un ancien lieu d'habitations informelles,
rue Lucie-Aubrac, Gradignan (33), 2023

série *Anti Installation*, avec Jordi Ballesta

Dispositif empêchant l'accès à un ancien lieu d'habitations informelles, avenue du Cap-Pinède, Marseille, 2019

série *Anti Installation*, avec Jordi Ballesta

Coupe de foin pour nourrir des chèvres,
Foresta, La Viste, Marseille, 2024

recherche *Cueillir en ville : populations migrantes et plantes dans les marges urbaines*, Université Sorbonne-Paris-Nord, dirigée par Flaminia Paddeu et Fabien Roussel

Cueillette de feuilles d'agave,
L'Estaque, Marseille, 2015

série *La Promenade du milieu*, avec le collectif SAFI

Continuité de la rue de Val-de-France à travers champs,
pour rejoindre le stade Marie-José-Pérec,
Villiers-le-Bel (95), 2021

Dispositif anti-véhicule en zone pavillonnaire,
Marseille, 2016

série *La Promenade du milieu*, avec le collectif SAFI

Faufilement autour d’une clôture Lippi,
parc agricole de Sainte-Marthe, Marseille, 2023

avec Dalila Ladjal, collectif SAFI

Faufilement dans le lit de la Valentine, un affluent de l'Huveaune, Marseille, 2014

avec Stéphane Brisset, série *La Promenade du milieu*, avec le collectif SAFI

Tuyauterie d'apport des saumures
en provenance des cavernes Géosel de Manosque,
Salins de Berre, Berre-l'Étang (13), 2020

Quelques mois après l'incendie de la Côte Bleue du 4 août 2020,
Martigues (13), 2021

Ancien site d’Azur Chimie,
La Gaffette, Port-de-Bouc (13), 2019

Site de stockage d'hydrocarbures,
port de la Pointe, Berre-l'Étang (13), 2019

Cochons sauvages, zone industrielle de La Palun,
Marignane (13), 2022

Chiens errants et divagants,
boulevard de Strasbourg, Le Port (La Réunion), 2022

Dispositif anti-franchissement,
Marseille, 2021

Clôture en « grillage à poule »,
Bouc-Bel-Air (13), 2021

Marche du Bureau des guides du GR2013,
Tour Sainte, Marseille, 2023

Marche du Bureau des guides du GR2013,
Sainte-Marthe, Marseille, 2023

Cueillette au parc agricole de Sainte-Marthe, Marseille, 2023

avec Dalila Ladjal, collectif SAFI

Avenue Roger-Salengro,
La Courneuve (93), 2015

Passerelle piétonne au-dessus des marais de la Tête Noire,
étang de Berre, Rognac (13), 2021

Friche de la Mirabilis,
Sainte-Marthe, Marseille, 2015

série *La Promenade du milieu*, avec le collectif SAFI

Chemin d'usage,
La Batarelle, massif de l'Étoile, Marseille, 2024

En bordure de l'A55, vue sur la cité La Castellane,
Saint-Henri, Marseille, 2015

série *La Promenade du milieu*, avec le collectif SAFI

Chienne errante sur le front de mer,
Le Port, La Réunion, 2022

Renard vraisemblablement empoisonné dans un canal des salins de Berre,
Berre-l'Étang (13), 2019

Croix de Rognac,
Rognac (13), 2024

COLLECTION
LE MONDE QUI VIENT

Le Monde qui vient

Écologie politique et décoloniale

Collection fondée en 2017 par Baptiste Lanaspeze et Pascal Menoret

Ghassan Hage	Le Loup et le Musulman
Catherine Larrère et Raphaël Larrère	Bulles technologiques
Sarah Vanuxem	La Propriété de la terre
Roxanne Dunbar-Ortiz	Contre-histoire des États-Unis
Marin Schaffner (éd.)	Un sol commun
Estienne Rodary	L'Apartheid et l'animal
Raphaël Mathevet et Arnaud Béchet	Politiques du flamant rose
Amitav Ghosh	Le Grand Dérangement
Collectif	Plurivers : un dictionnaire du post-développement
Vandana Shiva	Monocultures de l'esprit
Mathias Rollot	Les Territoires du vivant : un manifeste biorégionaliste
David Holmgren	Comment s'orienter : permaculture et descente énergétique
Lise Foisneau	Kumpania : vivre et résister en pays gadjo
Manuel Quintín Lame	Les Pensées de l'Indien qui s'est éduqué dans les forêts colombiennes
Collectif	Écopsychologie : le soin de l'âme et de la terre
Amitav Ghosh	La Malédiction de la muscade
Jean-Christophe Goddard	Ce sont d'autres gens : contre-antrhopologies décoloniales du monde blanc
Jean Foyer	Les Êtres de la vigne : enquête dans les mondes de la biodynamie
Geneviève Zoïa et Laurent Visier	Les Cuisines de la nation : éduquer, nourrir, industrialiser

DU DROIT DE DÉAMBULER

DE LA MÊME AUTRICE

La Propriété de la terre
Wildproject, 2018

Des choses de la nature et de leurs droits
Quæ, 2020

Ce livre est publié en coproduction avec l'Académie de France à Rome – Villa Médicis.

Suivi éditorial : Baptiste Lanaspeze
Correction : Laure Dupont

ISBN 978-2-381-140-827
Imprimé en France

SARAH VANUXEM

DU DROIT DE DÉAMBULER

Photographies
de Geoffroy Mathieu

Wildproject

Sommaire

À Hugues Lucet,
pour continuer d'aller
per mari e monti

Dialogue introductif

Baptiste Lanaspeze : Quelle est l'origine de ce projet ?

Sarah Vanuxem : Il remonte à une question que tu m'as toi-même posée, il y a quelques années, autour d'un café à Marseille, à la suite de ton expérience douloureuse de l'homologation des 365 km du GR2013 : n'aurais-je pas quelque idée pour que des itinéraires de marche puissent être dessinés sans plus avoir besoin de demander une série d'autorisations de passage aux propriétaires des terrains publics traversés ?

Je t'avais répondu que cela m'évoquait une décision de justice : l'arrêt Ville de Rome contre villa Borghèse[1] par laquelle la Cour de cassation de Rome avait reconnu un éventuel *ius deambulandi*, soit un possible droit de déambuler, au peuple romain dans les jardins privés du prince Borghèse que celui-ci lui avait fermés (voir le chapitre « Rome contre Borghèse »).

À l'époque, j'avais aussi été invitée à l'une de ces conférences marchées organisées par le Bureau des guides[2], ces artistes-marcheurs avec lesquels tu as créé le GR2013[3], et découvert que la difficulté d'arpenter librement les territoires urbains, que je rencontrais à Nice avec la multiplication de portails autour des résidences privées, était une préoccupation partagée. C'est ce sentiment diffus d'une fermeture du territoire – confirmée par des études de terrain[4] – qui a déclenché cette recherche. Une fermeture physique et possiblement juridique, liée à la prolifération d'enclos, dont ceux des infrastructures.

En quoi la défense du droit de déambuler pourrait-elle nous aider à aller vers un monde plus écologique ?

L'horizon de ces textes est une refonte écologique du système juridique occidental moderne. Pour mener cette entreprise radicale, il nous faut remonter jusqu'aux pivots de celui-ci : nos libertés dites fondamentales, conquises à la Révolution avec cette grande promesse d'émancipation individuelle. Parmi ces libertés qu'il conviendrait de réviser[5], nous pourrions bien sûr penser à d'autres que celle d'aller et de venir. Par exemple, la liberté d'expression n'est pas sans poser question sur le plan écologique[6]. Pour autant, il me semble important de débuter par la liberté d'arpenter la terre. Car celle-ci interroge la définition et le commencement mêmes du droit ; et ce, en regard, d'ailleurs, de la propriété. Le droit d'avant la loi adviendrait-il avec la première prise de terre, sa clôture et la fin du nomadisme, comme *Le Nomos de la Terre* de Schmitt nous invite à le penser[7] ? Ou signifierait-il, et comme à l'inverse, la libre disposition de moutons ou de brebis sur les flancs des montagnes, conformément aux enseignements de Deleuze et Guattari dans leur « Traité de nomadologie »[8] ? Dans cette alternative, résident pour ainsi dire deux conceptions du droit lui-même et, plus précisément, deux conceptions du droit d'avant la loi.

Un autre motif de commencer par réviser la liberté de parcourir les terres et de vagabonder est qu'elle a commencé à être remise en question au 14e siècle pour devenir un délit avec la société industrielle, c'est-à-dire avec un mode de vie qui peut être regardé comme la principale cause du réchauffement climatique, de l'érosion de la biodiversité et de la multiplication des pollutions[9]. Quoiqu'établi par Foucault dans *Surveiller et punir*[10], le lien entre l'institution du délit de vagabondage et le développement industriel surprend, tant nous sommes accoutumés – comme tu l'avais relevé – à penser l'âge moderne tel un temps de libération individuelle. Pourtant, le délit de vagabondage ne fut pas aboli avant la fin du siècle dernier, et les animaux domestiques demeurent interdits de divaguer. Il se pourrait donc que la liberté d'errer contrevienne, d'une certaine façon et de manière paradoxale, aux principes du droit occidental moderne[11].

Une troisième raison de nous intéresser à la liberté de se déplacer à pied, à cheval, ou bien encore à bicyclette est qu'elle se trouve effectivement menacée, non plus seulement par la fragmentation du territoire, l'artificialisation des terres et la disparition de sentiers, ou parce que l'importante circulation des biens et des personnes augmente le risque de pandémies, de sorte que plane toujours la menace d'une nouvelle assignation à résidence, mais aussi et de manière plus conjoncturelle, voire accidentelle, parce que le législateur français a récemment adopté un texte pour la protection des paysages et de la propriété privée. Quoique visant à favoriser la circulation de la faune sauvage, cette loi du 2 février 2023[12] a créé une infraction d'intrusion humaine dans les espaces naturels privés, qui a encouragé de grands propriétaires à fermer leurs domaines jusqu'alors ouverts au public en posant de simples pancartes affichant « Propriété privée – défense d'entrer »[13].

La liberté de se promener dans les espaces naturels comme urbains devrait pourtant être défendue par le législateur qui a, par ailleurs, entrepris de transformer le droit des transports en un droit de la mobilité afin de promouvoir, notamment, la marche et le vélo, soit des modes dits doux et actifs de se déplacer afin de lutter contre le dérèglement climatique et la pollution de l'air. Avec la loi d'orientation des mobilités du 24 décembre 2019, la loi Climat et résilience du 22 août 2021 et d'autres textes encore, l'État français, mais également l'Union européenne se sont donné pour objectif de faciliter le « report modal » des transports les plus polluants – routiers et aériens – vers des modes moins émetteurs de substances nocives : les voies d'eau et les lignes de chemin de fer[14].

Sans doute, les mesures légales prises en ce sens ne portent-elles pas, pour l'heure, à conséquence[15], mais la liberté de se déplacer *via* des modes de transports polluants pourrait ultérieurement être remise en cause. Déjà, les exploitants d'aéronefs et les armateurs de navires sont assujettis au respect de quotas d'émission de gaz à effet de serre[16] ; à terme, ce sont les citoyens consommateurs qui pourraient être contraints dans leurs déplacements impactant les ressources naturelles, le climat ou la qualité de l'air[17]. C'est dans cette perspective aussi que le droit d'arpenter les terres me semble devoir être recouvré : non pas uniquement pour des raisons de santé publique, d'acquisition de savoirs naturalistes ou de communion avec les éléments naturels[18], mais pour préparer la probable perte du droit ou de la possibilité de prendre l'avion et de pratiquer l'autosolisme[19]. Il se pourrait, en effet, que le grand remplacement des flottes aéronautiques ou automobiles par des engins fonctionnant grâce aux énergies renouvelables et à l'électricité ne permette pas d'atteindre l'objectif légal de décarbonation à l'horizon de 2050[20], que nous soyons contraints de fournir un effort de sobriété énergétique, et que nous devions recouvrer la capacité de nous mouvoir par nous-mêmes, c'est-à-dire à pied, à cheval ou à vélo.

De ce point de vue, et au regard de la promotion légale de la « mobilité active[21] », la loi susmentionnée du 2 février 2023 paraît surannée, pour ne pas dire absurde : nonobstant l'obstacle mis à la découverte des espaces naturels et à la pratique des sports de nature, comment espérer que les gens se transportent davantage par eux-mêmes si, dans le même temps, les grands propriétaires fonciers ont le droit d'interdire le passage sur leurs domaines et, partant, d'allonger la durée des trajets de leurs concitoyens ? Ne serait-il plus conséquent d'abroger la nouvelle infraction pénale[22] et de reconnaître un droit d'accès à la nature, comme il en existe en Norvège, en Suède et en Finlande, mais aussi en Islande, Écosse, République tchèque, Autriche, Estonie, Biélorussie ou Suisse[23] ?

Par ailleurs, le libre arpentage des espaces naturels me paraît conditionner la redécouverte d'un certain nombre d'autres droits d'usage collectifs, tels les droits d'affouage, de chasse, de cueillette, de pacage ou de pêche dont l'exercice pourrait, à certaines conditions, contribuer à la formation de sociétés post-industrielles, fondées sur d'autres manières de vivre, en particulier, de se sustenter.

À l'évidence, telle n'est pas la voie poursuivie par l'État français, qui s'oriente, au contraire, vers une réindustrialisation du territoire : de la réouverture de carrières au réarmement nucléaire. Il n'est toutefois pas certain que la quête de décarbonation de notre société puisse ainsi[24] aboutir et ne soit pas, en accusant les causes industrielles de ses maux environnementaux[25], vouée à échouer.

En toute hypothèse, le législateur n'est pas à l'abri des contradictions, qui a porté atteinte au droit humain de se promener quand il entendait protéger la circulation de la faune sauvage[26]. Or, précisément, la déambulation ne s'entend pas, dans ce recueil, du seul « transit autogène » humain, ou de la seule « mobilité personnelle » humaine, par opposition au « transport mécanique des gens[27] » ; elle signifie également la divagation des animaux, le déplacement des végétaux ou bien encore la circulation des eaux et minéraux[28].

C'est qu'au sein de sociétés écologiques, qui accueilleraient et favoriseraient la vie des êtres autres qu'humains, les itinéraires des chevaux libres, les voies des cochons réensauvagés ou les sentes de vaches relâchées pourraient, en certains cas, et comme dans le cœur de nos parcs nationaux[29], venir limiter le droit de parcours humain. Ne perdant plus notre « temps en trajets imposés pour contourner parkings et aérodromes[30] » et recouvrant notre capacité d'aller notre propre chemin, nous n'obtiendrions pas néanmoins le droit illimité de nous déplacer musculairement : en plus du droit réciproque de nos homologues humains, de leur intimité[31] et des droits spécifiques de peuples autochtones ou de communautés locales[32], nous devrions encore respecter la liberté d'aller et venir des autres êtres, vivants et non vivants, et veiller à ne pas entraver, par exemple, le passage des cerfs[33].

*Sans parler de ce qui est à la fois l'une des grandes structures et l'une des grandes tragédies de notre temps : le système des frontières nationales, formant des enclos régionaux (dont Schengen est emblématique) qui garantissent un « ordre colonial d'apartheid », au mépris de l'*article 13 *de la Déclaration des droits de l'homme.*

On peut, en effet, partir de l'hypothèse formulée par Ghassan Hage, dans *Le Loup et le Musulman*[34], selon laquelle ces deux figures, écologiques et raciales, du loup et du musulman se rejoignent dans celle du migrant, lequel ne respecte pas les frontières nationales et, partant, menace l'ordre établi, à savoir l'ordre colonial encore en place. Un système d'oppression et de domination d'un groupe racial, institué par des lois, des politiques et des pratiques discriminatoires, l'apartheid, n'aurait pas, selon Ghassan Hage, entièrement disparu. De fait, le dispositif ségrégationniste paraît étendu à l'échelle planétaire dès lors que les humains jouissent de droits distincts d'arpenter et de parcourir la Terre selon qu'ils sont nés dans un pays ou dans un autre et peuvent, alors, obtenir tel ou tel passeport. Il suffit de se rendre sur les sites classant ces derniers en fonction de l'accès qu'ils offrent à différents pays pour mesurer l'inégalité des droits de pérégriner. Par exemple, l'index des passeports répertoriés par la société Henley & Partners classe la France au sixième rang des pays qui garantissent à leurs ressortissants le plus de possibilités de se rendre aisément dans un très grand nombre d'autres États, c'est-à-dire sans avoir de lourdes démarches administratives à effectuer. Pour celles et ceux des êtres humains qui ne sont pas nés en Occident, au Japon, à Singapour, ou bien encore en Corée du Sud, la liberté d'aller et de venir par-delà les frontières se trouve plus limitée. La carte en ligne montre, notamment, que les détenteurs de passeports d'Afrique noire ne peuvent aisément quitter leur pays pour entrer dans un autre, et sont, victimes de ce qui constitue, à l'évidence, une discrimination raciale.

Cette situation géopolitique atteste que l'article 13 de la Déclaration universelle des droits de l'homme de 1948 – qui affirme le droit pour « toute personne » de « quitter tout pays, y compris le sien, et de revenir dans son pays » – ne se trouve pas respecté[35]. Ainsi l'État français ne garantit pas le droit d'accès à son territoire à tous les humains. Depuis l'entrée en vigueur de la loi Immigration de 2024, il est même permis de se demander si tous les étrangers demeurent des personnes comme les autres : jusqu'à l'abrogation du délit de vagabondage, l'inscription du domicile parmi les éléments de l'état civil permettait de douter de la qualité de personne des sans-domicile ou vagabonds[36]. Désormais, l'impossibilité pour les immigrés illégaux d'avoir un patrimoine professionnel, posée à l'article L. 526-22 du Code du commerce, interroge sur le statut de personne de certains immigrés. Car, en droit civil, les notions de patrimoine et de personne sont liées : « toute personne a un patrimoine » participe des principes traditionnellement énoncés. Sans doute les immigrés illégaux continuent-ils, après la loi Immigration, d'avoir un patrimoine en propre ; l'interdiction d'accéder au statut d'entrepreneur individuel les prive uniquement d'un possible patrimoine professionnel. Cependant, la dénégation de la liberté d'entreprendre à certains étrangers peut surprendre, qui renvoie au droit de pérégriner tel qu'il fut au 16e siècle formulé, c'est-à-dire comme un droit d'établissement dans un autre pays que le sien. Tout se passe alors comme si nous refusions aux ressortissants de pays anciennement colonisés ce droit de migrer à l'étranger tel qu'il fut originellement pensé, soit pour légitimer la venue pour affaires de colons espagnols outre-Atlantique.

Dans *La Cité des choses*, Nicoletta Rolla enseigne que « l'une des premières conceptualisations en Occident d'un "droit à la mobilité" ou *ius peregrinandi* fut celle du théologien espagnol Domingo de Soto, qui affirma « la nécessité d'assister les migrants, mais aussi la légitimité de migrer à la recherche d'un travail[37] ». Dans « l'histoire de la pensée juridique », écrit-elle, la formalisation d'un droit de pérégriner connut « un moment fondateur dans les théorisations de la deuxième scolastique espagnole » et le projet « d'un ordre juridique universel » par Domingo de Soto, Bartolomé de las Casas et Francisco de Vitoria[38]. Or, chez ce dernier, l'affirmation d'un *ius peregrinandi*, rattaché au *ius communationis*, vint asseoir la conquête espagnole de l'Amérique : selon Vitoria, « le premier des titres légitimes à la conquête » n'était autre que « le droit de société naturelle et de libre communication entre les peuples, c'est-à-dire que les Espagnols, comme tous les hommes, [avaient] le *jus peregrinandi*[39] ». Aussi est-ce au nom de la charité chrétienne que fut posé « le droit des étrangers à l'immigration, donc l'obligation pour les États de les recueillir et l'interdiction de les expulser[40] ». Et Jacques David de résumer : « Pour les individus, le droit à la vie postule la liberté du travail ; pour les États, ce même droit demandera la liberté du commerce et [celle] de la mer[41]. »

Cinq siècles plus tard, cette doctrine paraît oubliée, la liberté d'entreprendre étant déniée aux étrangers illégalement arrivés sur le sol français (comme si les colons européens avaient, eux, toujours légalement immigré). D'aucuns ne manqueront pas d'observer que la nouvelle loi n'aura pas d'incidence pratique sur la condition, déjà abominable, des immigrés illégaux, mais, en son temps aussi, l'adoption du Code noir ne fit que confirmer le statut de biens meubles des esclaves. Et il n'est pas sûr que ces réaffirmations légales ne recèlent aucun danger pour les populations visées. À telle enseigne que pourrait se vérifier l'hypothèse d'Achille Mbembe d'un « devenir nègre[42] » d'au moins une partie de l'humanité, interdite de vendre, en son nom, « aucune sorte de denrées » (article 19 du Code noir de 1685)[43].

Que pouvons-nous faire sur le terrain du droit ? Selon Ghassan Hage, la « colonialité » et la catastrophe écologique ne sont que les deux faces d'une même réalité, celle de l'exploitation de ressources, humaines et non humaines, pour l'accumulation de capitaux. Aussi peut-on se demander si une réponse commune ne pourrait être apportée à cette question migratoire et écologique[44]. Répondant à l'appel d'Achille Mbembe de se doter d'une conscience écologique et de reconnaître un « droit à la respiration » aussi bien aux animaux, humains et non humains, qu'aux arbres, aux herbes ou champignons, peut-être pourrions-nous partir d'un principe, légalement reconnu en droit français : le principe de solidarité écologique. D'abord énoncée en droit des aires protégées, à l'occasion de sa réforme en 2006, la solidarité écologique désignait les liens d'interdépendance entre les territoires des parcs nationaux et leurs périphéries. Érigée en principe par la loi Biodiversité de 2016, la solidarité écologique, définie au premier article du Code de l'environnement, « appelle à prendre en compte, dans toute prise de décision publique ayant une incidence notable sur l'environnement des territoires concernés, les interactions des écosystèmes, des êtres vivants et des milieux naturels ou aménagés ». Il est vrai que cette demande d'attention aux interrelations existant entre les êtres, humains ou non humains, et leurs lieux de vie, intéresse uniquement les territoires français, métropolitains et d'outre-mer. Cependant, la Charte de l'environnement de 2005 pourrait également poser ce principe de solidarité écologique au niveau international : au considérant 6 de son préambule, le texte, à valeur constitutionnelle, oblige à ne « pas compromettre la capacité [...] des autres peuples à satisfaire leurs propres besoins » lorsque nous effectuons des choix pour répondre à nos présents besoins. Dès lors que les autres peuples que le nôtre, c'est-à-dire ceux qui ne vivent pas la condition humaine comme nous, ne forment pas des sociétés uniquement composées d'humains, mais des collectifs accueillant humains et non-humains, la Charte de l'environnement nous oblige, me semble-t-il, à prendre en considération les intérêts et les interactions de ces différents êtres, qu'ils soient situés à l'intérieur ou non du territoire français, chaque fois que nous prenons des décisions touchant à la production de biens et de services pour notre consommation.

Poursuivons : à première vue, le principe de solidarité écologique n'intéresse certes pas les migrations humaines. Il invite à prendre en considération la libre circulation de la flore et de la faune sauvages, et contraint à l'installation, par exemple, de corridors écologiques – ponts pour les cerfs ou tunnels pour les batraciens – lors de la construction, notamment, d'infrastructures de transports. Toutefois, le principe de solidarité écologique pourrait recouvrir cet autre principe à valeur constitutionnelle qu'est le principe de fraternité, et constituer la base d'un nouveau droit cosmopolite de la nature, qui ne vise plus l'exploitation des ressources dites naturelles et humaines, et ne soit pas hostile aux migrations humaines et non humaines[45]. À l'occasion de l'affaire Cédric Herrou, le Conseil constitutionnel a, en effet, reconnu la valeur constitutionnelle du principe de fraternité et il a refusé que soit possiblement constitué ce que l'on nommait jusqu'alors le « délit de solidarité », consistant à fournir une aide gracieuse aux étrangers en situation irrégulière. Se pose alors la question de savoir si cette décision pourrait aider à relier les questions écologiques et migratoires, et à recouvrer les principes dégagés, au 16e siècle, par l'École théologico-juridique dite de Salamanque, relatifs au droit de pérégriner. La haute juridiction n'a, certes, pas imposé un devoir d'assistance aux migrants en « situation irrégulière » sur le sol français. Par suite, le législateur n'a pas non plus, et moins encore, accordé la citoyenneté à tous les pérégrins, nés libres et arpentant le territoire français, comme le fit, en 212, l'empereur Caracalla pour la cité romaine. Schengen apparaît même, et tout à l'inverse, tel un espace mortellement fermé aux étrangers indésirés et racisés, plus qu'éloigné des principes de charité chrétienne. Il n'en demeure pas moins que le principe de fraternité, compris comme un principe, aussi, de sororité et, partant, de solidarité, pourrait être regardé comme une dimension du principe plus large – car étendu aux autres qu'humains – de solidarité écologique, et former un point à partir duquel repenser les droits et libertés, en particulier celle d'aller et de venir. Loin d'être antihumaniste[46], la pensée écologique apparaîtrait, au contraire, profondément humaniste qui partirait du point de vue des migrants, qu'ils soient humains ou non humains, vivants ou non vivants, naturels, voire surnaturels[47]. Mais ce n'est là qu'une piste de recherche que j'espère poursuivre.

Pour en revenir à l'idée directrice de ce recueil, peut-on dire qu'il y a dans le droit moderne un primat du droit de propriété sur le droit de déambuler ? L'inverse était-il vrai dans le monde féodal ?

Dès lors que l'article 647 du Code civil de 1804 dispose que « tout propriétaire peut clore son héritage, sauf l'exception portée en l'article 682 », on peut, en effet, affirmer que le droit moderne fait prévaloir le droit de propriété, entendu comme un droit d'exclure autrui, sur le droit de passer : par principe, un propriétaire foncier a le droit de clôturer son fonds tel un maître et souverain dans sa forteresse ; par exception, il a l'obligation de laisser passer sur son terrain. Car l'article 682 du Code Napoléon a créé une servitude légale de passage pour cause d'enclave au bénéfice des fonds qui n'ont pas d'issue ou pas d'issue suffisante sur la voie publique.

Cependant, cette lecture du Code civil fait l'économie des autres articles du Code civil relatifs aux servitudes, de la possibilité d'acquérir par la possession la bande de terre servant au passage[48], ou de la rémanence de droits collectifs de passer, par exemple, celui, pour les ayants droit des sections de communes, d'emprunter des drayes ou chemins forestiers[49]. Dans une section intitulée « Accès à la nature[50] », le Code de l'environnement fait, par ailleurs, place au droit de randonner[51]. Aussi, le droit en vigueur est-il plus complexe que les articles 647 et 682 du Code Napoléon ne le laissent à penser.

Dans la mesure, toutefois, où un système de propriétés simultanées, juxtaposées prévalait à l'époque féodale, qui réduisait la propriété foncière à des droits d'usage particuliers, et où les droits de vaine pâture, de glanage ou d'affouage étaient concurremment exercés aux droits de culture[52], on peut dire qu'en principe, dans l'ancien droit, la propriété d'un droit foncier ne permettait pas d'interdire absolument l'accès aux terres, c'est-à-dire à n'importe qui, pour n'importe quel usage et en n'importe quelle saison ou année[53]. Par ailleurs, les ouvrages retraçant l'histoire du délit de vagabondage font un tableau de l'Europe d'avant le 14e siècle riche d'une population hétérogène de gens mobiles : étudiants, pèlerins, forains, comédiens ou marchands ambulants[54]…

Dans *La Propriété de la terre*[55], j'appelais à réinterpréter les dispositions relatives au droit de propriété dans le Code civil, et à redéfinir la propriété tel un droit d'habitation, les choses tels des milieux habités, les droits ou biens telles des places en ces choses, et les dénommés propriétaires tels des habitants privilégiés, bénéficiant de places ou de droits attitrés. Parce que dans cette lecture du droit en vigueur, les choses demeurent toujours dans une mesure d'usage commun[56], l'ouverture à tous d'un terrain privativement approprié n'apparaît pas comme une contradiction. Aussi la vision de la propriété comme d'une faculté d'habitation des choses autorise-t-elle la reconnaissance d'un droit d'accès de tous aux espaces naturels quand bien même ceux-ci seraient appropriés par une ou des personnes de droit privé.

Ce livre s'inscrit dans le prolongement de *La Propriété de la terre*, également parce que celui-ci s'achève sur cette hypothèse selon laquelle les choses elles-mêmes pourraient avoir la propriété de droits ou biens. *Des choses de la nature et de leurs droits*[57] repart de cette idée et la développe à partir du droit des servitudes, lesquelles sont définies, à l'article 637 du Code civil, comme des charges imposées sur un fonds de terre pour l'usage et l'utilité d'un autre fonds appartenant à un autre propriétaire. Si l'on veut bien faire une lecture littérale des articles 637 à 710 du Code civil, dédiés aux « servitudes ou services fonciers », il appert que notre droit commun, le droit civil, reconnaît des droits et des obligations à des fonds de terre vis-à-vis d'autres fonds. Ce ne sont pas seulement les êtres humains qui peuvent être liés les uns aux autres, mais dans une vision que nous pourrions qualifier aujourd'hui d'animiste[58], les terres, lesquelles peuvent être dominantes ou servantes, créancières ou débitrices de prestations de service. Or parmi ces servitudes, encore appelées réelles ou prédiales, figurent les droits de passage, également les droits d'écoulement des eaux, qui autorisent les cheminements humains ou la circulation d'icelles. Dès lors, *Du droit de déambuler* peut être lu dans le prolongement de ces deux premiers essais.

Dans quel ordre les textes ont-ils été composés ? Peux-tu retracer l'évolution de ta réflexion sur le droit de déambulation au fil de ces textes ?

L'ordre de présentation des textes du présent recueil ne correspond pas exactement à l'ordre chronologique d'écriture. J'ai d'abord rédigé un texte programmatique qui relie la question du droit de passer aux thèmes des droits d'usage collectifs, des droits de la nature, de l'approche topographique du droit, et des expériences des artistes-marcheurs, en particulier celle du Bureau des guides, lequel se présente telle une « communauté de marcheurs ».

Ce texte traçait un plan de travail, mais je m'en suis d'emblée écartée, avec « Vagabonds » : recherchant quel pouvait être le statut des humains sans domicile, et dans quelle mesure ils accédaient au rang de personne, j'ai découvert l'institution du délit de vagabondage et me suis interrogée sur sa persistance au travers de l'interdiction d'errance des animaux domestiques. L'opposition des choses et des personnes est souvent présentée comme la grande division de notre droit occidental moderne, mais depuis lors je me demande si la *summa divisio* principale ne serait pas celle du domestique et du sauvage, des êtres interdits ou, au contraire, libres de divaguer.

Le troisième texte fut « Nomos ». Je voulais interroger non plus seulement le droit civil, soit la matrice de notre tradition juridique civiliste, mais le droit lui-même au regard du nomadisme. Qu'est-ce que le droit ? Prend-il sa source, avant la loi, dans la prise de terre, sa clôture et les débuts de la sédentarité ou découle-t-il aussi, et comme à l'inverse, de la traversée de champs ouverts ? Et si la manière de se déplacer

– cheminement, circulation, errance ou déambulation – permettait de discriminer entre plusieurs types de droits ?

À Rome, j'ai quitté ces questionnements d'ordre théorique, et enquêté sur le procès Rome contre Borghèse par lequel la Cour de cassation de Rome reconnut, à la fin du 19e siècle, un possible droit de déambuler au peuple romain. Il me semble que nous avons là un précédent judiciaire important, susceptible d'être repris par les avocats, puis les magistrats pour reconnaître en France un droit d'accès à la nature fondé sur les servitudes.

Au départ, j'avais choisi de raconter cette histoire en quatre actes : la fermeture de la villa Borghèse à la promenade publique ; la décision rendue en première instance par le préteur romain ; le jugement rendu en appel par le tribunal civil de Rome ; enfin l'arrêt rendu par la Cour de cassation de Rome. Il me semblait qu'avec la réalisation d'un *podcast* en plusieurs épisodes, je m'adresserais au plus grand nombre. D'autant que la troisième scène de chacun de ces actes permettait de faire le pont avec la scène romaine actuelle, et – en suivant le groupe d'artistes-marcheurs romains : Stalker – d'illustrer la difficulté de marcher dans la périphérie de la capitale italienne sans avoir à faire de longs détours pour contourner les grands domaines fonciers.

De facture plus classique, le texte final met en lumière la banalité des villas privées néanmoins ouvertes à tous avant le 18e siècle, et rend étranges, par contraste, les prétentions actuelles des grands propriétaires fonciers à fermer leur domaine au public. L'article propose également une interprétation des trois décisions de justice à partir de cette hypothèse selon laquelle des fonds de terre et lieux de vie, en l'occurrence la ville de Rome, peuvent avoir la propriété de droits, notamment de passer, en d'autres fonds de terre et lieux de vie, ici la villa Borghèse.

Après « Rome contre Borghèse », j'ai écrit un texte en partant d'un entretien avec le groupe pionnier Stalker, articulé autour de six thèmes : le rapport de ces artistes-marcheurs au droit ; leurs approches de l'écologie ; les obstacles rencontrés dans la traversée des territoires ; le sens des rituels pratiqués ; la relation de la marche aux questions migratoires ; la nature de leur lien à Rome. C'est à leur contact, et avec ce travail, que m'est venue l'envie de réaliser quelque performance-rituel : « Invocation à Hermès » est le texte de la voix off d'un film portant sur la célébration, dans la villa Médicis, des *Terminalia*, une fête en l'honneur du dieu romain des bornes et des frontières. Il s'agit d'un exercice d'autodérision en même temps que d'une brève présentation des termes du problème : si le droit est donné aux propriétaires de se clore et d'interdire le passage en leurs terres, les bornes du dieu grec des voyageurs, également connues du législateur, invitent à poursuivre son chemin.

Ce séjour romain fut enfin l'occasion d'écrire une fiction juridique sur le thème de l'intrusion des animaux sauvages dans nos cités : dans « Rome Sang*l*inaire[59] », j'ai souhaité apporter des éléments de réponse à la proposition contemporaine de reconnaître la personnalité juridique aux entités naturelles, et de les rémunérer pour leurs services, au sein de lieux de vie rassemblant humains et non-humains. Abondamment commentée dans la presse romaine, l'interdiction faite aux ongulés de cheminer en ville, *via* l'autorisation donnée de les y chasser, m'a fourni le canevas de ce récit. Parce qu'il consiste davantage en l'exposé des thèses en présence dans les humanités environnementales qu'en une proposition originale, ce texte n'est toutefois pas repris dans ce recueil.

De retour en France, j'ai traité de sujets un brin plus techniques : dans « Observatoire du GR2013 », je fais brièvement le point sur les servitudes de passage le long des rivages et des cours d'eau, aborde la question de la circulation des végétaux sauvages, et recherche les moyens juridiques de défendre les plantes, non cultivées, mais spontanées. Surtout, le chapitre « Imbroglio légal » rend compte de cette loi du 2 février 2023 qui facilite les déplacements de la faune sauvage tout en créant une infraction d'entrée humaine dans les espaces naturels privés, et envisage plusieurs pistes pour la reconnaissance d'un droit d'accès à la nature compatible avec notre tradition civiliste.

Quelle est la relation de ces textes avec les photographies de Geoffroy Mathieu ?

Il s'agit d'une convergence spontanée. Tout s'est passé comme si plusieurs des séries d'images de Geoffroy, déjà réalisées, pouvaient, par un heureux hasard, se rapporter à mes textes sur la déambulation et dialoguer avec eux. En particulier, le rapprochement entre le chapitre « Les vagabonds », où je traite du statut des chiens divaguant, et sa série sur les canidés errants à La Réunion fut une coïncidence. Mais à la réflexion, il se pourrait aussi que ses photographies m'aient inspirée : j'avais rencontré Geoffroy lors d'expéditions « Pamparigouste » organisées par le Bureau des guides autour de l'étang de Berre, et je me souviens de son exposé de la théorie du panier de l'écrivaine Ursula Le Guin[60], un texte que j'ai pu réentendre lors d'une marche avec Stalker, à Rome[61]. Geoffroy m'avait, par ailleurs, contactée au sujet de son livre *Anti Installation*[62], et j'avais découvert comment l'administration pouvait forcer des populations (en l'occurrence, roms) à déguerpir en semant, disposant ou creusant des ouvrages hostiles sur des terrains et routes. Je me souviens également de ses photographies du ruisseau des Aygalades et de la circulation de ses eaux polluées[63]. Et puis, il y a aussi cette série relative aux cueilleurs dans le Grand Paris, découverte alors que j'étais invitée dans un séminaire de recherche dédié au glanage : les organisateurs avaient projeté ses images[64]. C'est donc tout naturellement que je me suis tournée vers Geoffroy lors de la création du *Ius deambulandi, le journal de la liberté de mouvement à l'âge des bouleversements écologiques* en vue de l'exposition des pensionnaires de la villa Médicis 2022-2023[65]. Mais je n'étais pas au bout de mes surprises puisque c'est seulement en confectionnant ce recueil que j'ai découvert encore ses photos de cochons libres à Marignane et de chèvres sauvages dans le massif de la Nerthe, lesquelles répondent au chapitre « Les vagabonds ».

Invocation à Hermès

Rome, le 23 février 2023, une poignée de mortels célèbrent les *Terminalia*, cette fête en l'honneur de la divinité romaine Terminus, ce dieu des bornes entre les fonds de terre, comme des limites entre les cités. Ce n'est toutefois pas – comme le voudrait la tradition – au croisement des voies Laurentina et Ostiense qu'ils s'affairent, mais dans l'enceinte de l'Urbs, non loin de la porte Pinciana, auprès du mur d'Aurélien[66]. Avec plus ou moins de bonheur, ils érigent un cairn dont l'ultime pierre se dresse vers le ciel, improvisent une prière, se risquent à des offrandes.

Quoiqu'ils aient tout oublié ou presque des gestes et du rituel à accomplir à la gloire du dieu des bornes-propriétaires, ils n'ont en rien omis le caractère sacré de la propriété individuelle, ni cette disposition du Code portant le nom du colon et dictateur Napoléon, et autorisant, par principe, un propriétaire à se clore. Dans les Codes civils français et italien, les articles respectivement 647 et 841 continuent, en effet, de disposer : sauf exception, tout propriétaire peut clore son fonds de terre ou héritage.

Si nos mortels ressentent ce besoin de réinscrire et rappeler les limites de leur demeure temporaire en même temps que celles de la Ville éternelle, et s'ils ont choisi de s'en remettre à Terminus, c'est sans doute qu'ils craignent un malheur : pour éviter que le ciel menaçant ne s'effondre sur eux et conjurer la catastrophe climatique et écologique qui vient, les voici qui implorent leurs anciennes déités, et tentent d'obtenir la clémence des Furies et de Poena.

Seulement, les divinités grecques se moquent de leurs succédanés romains. Et, tandis que les humains achèvent tant bien que mal leurs libations, on voit descendre sur le mur de la Villa des arts – encore reconnaissants à « Napoléon le Grand[67] » – un autre dieu. C'est Hermès, le facétieux[68], qui n'est pas seulement la divinité des bornes-propriétaires[69], des limites foncières et frontalières, mais celle, aussi, des voyageurs, des bornes indicatrices, kilométriques[70], lesquelles n'ont pas pour vocation d'interdire ou de bloquer le passage, mais sont, tout à l'inverse, une invite à les enjamber ou contourner pour aller au-delà, poursuivre son chemin, ou changer de direction et bifurquer[71].

D'ailleurs, les Codes civils français et italien n'affirment pas seulement le droit de se clore : ils comprennent aussi, aux articles, respectivement 646 et 950, l'action en bornage, laquelle a pour objet de fixer les limites séparatives de propriétés contiguës. Le bornage se distingue de la clôture en ce qu'il consiste à tracer une frontière entre des héritages, et non, en soi, à empêcher le passage. Du reste, il ne s'agit pas d'une action pétitoire, c'est-à-dire d'une action en revendication, visant à reconnaître la propriété des fonds concernés. Encore faut-il observer que le droit n'ignore pas ces autres bornes qui invitent délibérément au voyage. Aussi, les Codes de l'environnement traitent-ils des itinéraires de randonnée[72], couramment balisés de traits de couleurs, par exemple, rouge et blanc.

De cairns en bornes et pictogrammes, l'immémorial droit au bornage transforme ses agents en artistes-sculpteurs[73] : en hommage à Hermès, des piliers triangulaires furent aussi plantés. Surmontés de sa tête, barbue ou imberbe, ces poteaux étaient, aux épaules, sur la poitrine et sur le dos, coupés en plans verticaux, et généralement ornés d'un phallus en érection[74]. Par la suite, les têtes ont pu représenter celles d'autres divinités ou de penseurs. Parfois, les visages étaient ceux de femmes ; parfois, ces statues étaient bicéphales. Et si les Anciens plaçaient les dénommés bustes-Hermès ou *ermes* à la croisée des chemins ou carrefours, ils sont devenus un mobilier décoratif répandu dans les jardins. Ainsi, la villa Médicis en rassembla jusqu'à soixante-douze et elle en compte encore cinquante-six[75], dont certains sont en cours de restauration.

Mais nous avons deviné quel secret la jeune divinité a plus tôt confié à l'oreille d'une des statues dressées à son effigie[76]. Car la voilà qui s'est essayée à remembrer, un à un, chacun des bustes-hermès, jadis ithyphalliques, ou simplement pourvus d'un orifice symbolique. Heureux d'être enfin parvenu à rendre ou à offrir sa splendeur à l'un d'entre eux, le dieu grec des voyageurs s'en va doucement – innocemment ? – détruire le cairn édifié en l'honneur de Terminus, sa pâle copie romaine, tellement plus étroite d'esprit ou bornée que lui[77]. Mais Hermès ira-t-il jusqu'à tenter de repousser les frontières de la cité éternelle et, avec elles, celle de la citoyenneté romaine[78] ?

Nota bene : On voudra bien nous pardonner quelques facilités, simplifications et exagérations. Nous ne doutons pas que le dieu Terminus mérite davantage de considération et d'égards que nous ne lui en avons accordés dans cette microfiction. Que cette divinité romaine ne soit pas aussi obtuse que nous le disons, c'est ce dont atteste déjà sa place au Capitole : dans le temple dédié à Jupiter, sa stèle située « sous une percée du toit, et donc ouverte à tous les cieux », montrait que « le gardien des bornes lui-même ne voulait pas de toit [et de limites] au-dessus de sa tête[79] ».

Chapitre 1
Les vagabonds, entre humains, chiens et loups

D'après le *Vocabulaire juridique*, le vagabondage désigne la « situation d'un *individu* sans domicile certain, ni moyen de subsistance, qui n'exerce habituellement ni métier, ni profession[80] ». D'emblée une question se pose : l'absence de domicile, de travail et de subsides priverait-elle les êtres humains de leur personnalité ; les ravalerait-elle à la condition de simple individu ? Sans doute d'autres dictionnaires de droit définissent-ils le vagabond telle une « personne » qui erre ou se déplace sans cesse, de sorte qu'il demeurerait l'égal des autres humains : une personne physique[81]. Cependant, le droit des personnes atteste d'un problème. Tandis que l'article 1er de la Déclaration des droits de l'homme et du citoyen énonce : « Les hommes naissent et demeurent libres et égaux en droits », reconnaissant les mêmes prérogatives aux êtres partageant la condition humaine, l'article 102 du Code civil prévoit que le domicile est le lieu où « tout Français » a, « quant à l'exercice de ses droits civils », « son principal établissement ». Sans cet attribut de la personnalité que représente le domicile, les « hommes » perdraient donc les droits obtenus par leur naissance sous cette forme biologique, c'est-à-dire humaine. En vérité, le citoyen français ne serait pas libre de se déplacer sans fin et de n'avoir aucun domicile. Car l'homme errant n'aurait pas la faculté d'exercer ses droits civils : il se trouverait comme déchu de sa qualité de personne, à l'image du mort civil. Ainsi pour demeurer citoyen, exercer ses droits, et conserver son statut de personne, l'humain ne devrait pas habiter en nomade, mais en sédentaire.

Pour partie de la doctrine, en effet, l'obligation de domicile s'impose puisque le Code civil traite du seul changement de domicile, de sa perte pour l'acquisition d'un autre, soit de la « translation d'un lieu dans un autre ». Nulle part la

« possibilité de l'abandon absolu » ou de « l'abdication pure et simple du domicile » n'est envisagée[82]. D'autres auteurs considèrent néanmoins qu'il reste permis de n'avoir aucun domicile dès lors que la « résidence actuelle » du « comédien ambulant », du « marchand colporteur » ou de « tout autre individu gyrovague » peut en tenir lieu[83]. Reste que cette possibilité d'un lieu de présence temporaire faisant office d'habitation fixe peut être interprétée comme imposant le rattachement, même fragile, à un lieu, soit l'existence d'un « siège légal[84] ». D'autant que vagabonder fut prohibé pendant longtemps : de la promulgation du Code pénal, en 1810, à 1994, le vagabondage constituait un délit ; les articles 269 et 270 dudit Code punissaient les « vagabonds ou gens sans aveu[85] ». Jean Carbonnier n'avait pas manqué de le relever : « en faisant du domicile un révélateur de la personnalité, le Code civil tend à faire du vagabond une non-personne[86] ». Il le situe dans les limbes du droit, ce que le Code pénal confirmait jusqu'à peu en incriminant cet état.

En dépit de ce que l'on pourrait penser, la question du vagabondage continue de se poser. Car les animaux sont également concernés et, plus précisément, les animaux domestiques, en particulier les animaux d'élevage et familiers, lesquels ne doivent pas errer, ni divaguer sous peine d'emprisonnement, et même, de mort. À l'heure où des anthropologues cherchent à imaginer comment vivre après le capitalisme et sur ses ruines[87], et où des membres de la société civile discutent, avec des scientifiques, de la reprise des terres, du ré-ensauvagement des milieux naturels et des espèces férales, nos augustes Codes civil et rural continuent de s'opposer au marronnage des bêtes. S'il n'y a pas quelque étrangeté à maintenir ferme la division des ordres du domestique et du sauvage plutôt qu'à encourager leur hybridation ? C'est là un point qu'il conviendrait d'éclaircir. D'ailleurs, tous les êtres vivants ne sont pas interdits de vagabondage : en principe, les animaux sauvages sont libres de se déplacer. Et les animaux sauvages protégés pourraient même avoir l'absolue liberté d'aller et de venir, y compris jusque dans l'enceinte de la cité. De la nature sauvage à la cité, le pont serait donc levé, en particulier pour les loups qui, d'abord qualifiés de nuisibles, et impunément tuables, seraient devenus comme des êtres sacrés. Cette réversibilité des statuts ne laisse d'ailleurs d'interroger : il fut un temps où lorsqu'un homme ou une femme errait entre chien et loup, puis nuitamment, sous l'aspect du loup-garou, sa mise à mort pouvait être prononcée après un procès en sorcellerie ou, plus précisément, en lycanthropie[88]. C'est dire que l'état de divagation pourrait conduire à identifier l'humain à l'animal sauvage. Par l'errance, l'humain quitterait le domaine de la cité pour entrer dans celui de la forêt ; sans plus de droits civils, il serait absolument libre de se déplacer, mais à la merci, telle une bête sauvage, des autres humains. Rejoignant l'état de nature, il deviendrait littéralement un loup pour l'homme[89]. Derrière la « non-personne » du vagabond, nous pourrions alors découvrir une opposition plus forte que celle – au demeurant récente et moderne – des choses-objets et des personnes sujets de droit : la division du sauvage et du domestique, la dualité de la nature et de la cité, laquelle ne serait autre que celle du nomadisme et de la sédentarité, et que le droit de l'environnement, notamment les règles relatives à la protection des espèces vivantes, nous inviterait aujourd'hui à dépasser.

C'est ce que je vous propose de commencer à vérifier en examinant d'un peu plus près la manière dont notre droit traite du vagabondage des animaux, domestiques et sauvages, et, tout d'abord, humains.

I. Le vagabondage humain

L'interdiction de vagabonder touche aux fondements de notre droit moderne, en ce qu'elle autorise à mettre les individus « désœuvrés » au service de la cité (ou société industrielle).

L'institution d'un interdit

Alors que les vagabonds bénéficiaient d'une place dans la société au bas Moyen Âge, ils la perdent à l'époque moderne, sans plus la retrouver après la Révolution.

Du bas Moyen Âge à l'époque moderne : la déchéance sociale des vagabonds

La fonction sociale des vagabonds. Concernant les vagabonds humains, les historiens paraissent s'accorder sur leur inscription sociale au bas Moyen Âge avant que, déchus de leur statut, ils ne soient mis au service de la cité. En effet, la vie sur les routes était singulièrement intense aux 14e et 15s siècles : le colporteur promenait ses marchandises ; sur le bord des fossés, le cordonnier ambulant réparait les souliers ; aux fenêtres, un musicien venu on ne sait d'où chantait. Puis, les pèlerins allaient de Saint-Thomas à Saint-Jacques ; les frères mendiants prêchaient de ville en ville ; les pardonneurs vendaient « les mérites des saints du paradis ». On rencontrait encore des jongleurs, des marchands d'animaux, des soldats en congé ou rejoignant une armée, côtoyant une multitude de mendiants, pendant que des bandes de voleurs peuplaient les bois voisins[90]. D'une extrême diversité, tous ces voyageurs présentaient un caractère commun : ils fournissaient aux gens attachés au sol des nouvelles de leurs proches ou racontaient ce qu'ils avaient vu en quelque province éloignée[91]. En donnant aux sédentaires certaines visions qu'ils n'auraient pas eues sans eux, les nomades contribuaient à l'évolution des idées[92]. Aussi les vagabonds remplirent-ils longtemps un « rôle social[93] » : au 14e siècle et pendant les deux tiers du 15e, le vagabond n'était pas un délinquant. Parce que faire l'aumône signifiait, pour le peuple, plaire à Dieu, le sentiment populaire était « extrêmement favorable » à l'errant-mendiant, qui offrait l'occasion de se montrer charitable[94]. D'ailleurs, il n'y eut pas de loi adoptée contre les vagabonds, à proprement parler, avant le 14e siècle, sauf certaines mesures, mais qui supposaient la commission d'un vol ou d'un autre méfait[95]. Ainsi les vagabonds n'ont pas toujours été des hors-la-loi, et ils furent longtemps considérés tels des membres de la cité.

La mise au travail des vagabonds. Selon l'opinion commune des historiens, la première mesure législative prise à leur encontre fut l'ordonnance du roi Jean du 30 janvier 1350, laquelle concernait la prévôté et vicomté de Paris. Le texte visait « les gens oisifs, mendiants, joueurs de dés pouvant travailler, et leur enjoignait de quitter la ville » dans les trois jours de sa publication. Passé ce délai, « tous ceux qui étaient trouvés mendiant sur la voie publique étaient conduits en prison pour quatre jours », et si « à leur sortie de prison, ils étaient trouvés à nouveau vagabondant et n'exerçant aucun métier », on les mettait au pilori. En cas de deuxième récidive, « ils étaient marqués au front d'un fer chaud et bannis » de Paris[96]. Pourquoi donc cette volonté de réprimer les vagabonds ? D'après Ch. Paultre, il s'agissait de pallier l'insuffisance de travailleurs, de combattre la rareté de main-d'œuvre, et d'éviter que les gens n'acceptent d'être employés qu'à certaines conditions et moyennant certains salaires[97]. En d'autres termes, ce serait un besoin de travailleurs à faible coût qui fut à l'origine des premières mesures punissant le vagabondage, non les troubles et les désordres causés par l'errance ou la mendicité, comme on pourrait aujourd'hui l'imaginer.

Le travail forcé et le grand enfermement des vagabonds. En toute hypothèse, ce n'est qu'à partir du 16e siècle que les vagabonds furent regardés avec crainte, et que le pouvoir central et les municipalités en vinrent à les traiter comme des délinquants. C'est que la foule des errants avait grossi et qu'ils ne représentaient plus aux yeux des autorités un seul « danger économique », susceptible d'augmenter le coût du travail, mais également un danger physique. En février 1566, l'ordonnance de Moulins étendit à tout le Royaume les principes qu'avaient posés de précédents textes, et imposa à chaque paroisse de prendre en charge les pauvres invalides et de recueillir dans des hôpitaux ceux qui, parmi eux, n'avaient pas de domicile. Pour les personnes aptes à travailler, le système des ateliers publics –inauguré par un arrêt de 1486 enjoignant d'employer « les mendiants et les gens sans aveu » à curer la rivière du Morin– fut généralisé : le travail était rendu obligatoire et des peines rigoureuses prévues en cas de refus. Cependant, cette solution des travaux publics échoua : la masse errante ne cessait de croître, et Colbert imagina un ultime moyen : l'enfermement des pauvres. En 1656, l'Hôpital général des enfermés était créé. Puis, des édits de 1661 et 1662 étendirent à tout le Royaume les mesures adoptées à Paris.

De l'ancien droit à l'après-Révolution : le maintien en disgrâce des vagabonds

La poursuite de la lutte contre les vagabonds durant le siècle des Lumières. Après les travaux publics du 16e siècle et l'enfermement du 17e siècle, le pouvoir royal continua au 18e de lutter contre la masse croissante des mendiants et vagabonds, deux classes rapprochées, mais simultanément distinguées l'une de l'autre. Une première déclaration, en date du 27 juillet 1700, stigmatisait les migrants en ville qui avaient « trouvé tant de douceur » dans « une vie libertine et fainéante » qu'ils préféraient mendier à travailler. Le texte proposait « d'employer toutes sortes de moyens pour les rappeler à leur devoir, soit par une juste punition de leur fainéantise », s'ils persistaient à ne pas travailler, « soit par des secours et des charités » au cas où ils reprendraient « la culture des terres et les autres ouvrages de la campagne ». La loi enjoignait à toutes les personnes valides de travailler sous peine d'être considérées et punies comme vagabonds. Plusieurs déclarations suivirent, qui autorisèrent les juges à condamner les vagabonds passibles de galère à servir aux colonies. Enfin, le 2 août 1764, la dernière grande loi de l'Ancien Régime sur le vagabondage substitua à la peine du bannissement celle des galères pour les valides, celle de l'enfermement pour les invalides, et imposa à chaque généralité d'avoir « son dépôt de mendicité, et ceux-ci leurs ateliers de travail », sorte d'intermède entre les prisons et les hôpitaux.

Le maintien de l'interdiction de vagabonder durant le droit intermédiaire. Avec la Révolution, l'affranchissement des corporations, la liberté du travail et la liberté de se déplacer furent proclamés. Selon toute logique, la vie sur les routes aurait dû redevenir libre, et le vagabondage ne plus être interdit, ni puni. De fait, le premier geste révolutionnaire en la matière fut l'évacuation des dépôts de mendicité, la libération des individus qui y étaient enfermés, et la destruction de l'édifice que l'Ancien Régime avait élevé contre le vagabondage. Cependant, les assemblées révolutionnaires s'aperçurent bientôt que les pauvres ne pouvaient plus compter sur les biens de l'Église, ni sur les fondations charitables[98]. Autrement dit, la suppression des privilèges, du servage et des corporations privait simultanément les miséreux de leurs soutiens et appuis[99]. Dans l'immédiat, il en résulta une augmentation considérable du nombre de gens sans aveu, c'est-à-dire de gens qui n'avaient personne pour répondre d'eux. Et c'est ainsi que l'on réinstitua ce que l'on venait de destituer : peu après, le Directoire rétablit « l'ancien état des choses » ; il restitua « leurs biens aux hospices » et créa des « bureaux de bienfaisance[100] ». Pourtant émancipé et libéré du seigneur ou de la terre à laquelle il était attaché, l'ancien serf qui n'aurait pas souhaité ou pas trouvé à être employé, et qui aurait choisi ou subi une vie de vagabondage et de mendicité se retrouvait donc dans l'illégalité, et il risquait d'être emprisonné, voire envoyé aux colonies.

La codification du délit de vagabondage sous le Consulat puis l'Empire. Le Consulat de Napoléon Bonaparte puis l'Empire poursuivirent dans la même direction : définis à l'article 270 du Code pénal comme ceux qui n'ont « ni domicile certain, ni moyen de subsistance » et qui n'exercent « habituellement ni métier, ni profession », les vagabonds ou gens sans aveu étaient –pour ce seul fait– punis de trois à six mois d'emprisonnement, et ils demeuraient « après avoir subi leur peine, à la disposition du gouvernement pendant le temps » que celui-ci viendrait à déterminer[101]. En 1810, le vagabondage était ainsi sanctionné par une peine d'emprisonnement et une mise à disposition du gouvernement dont on ne connaissait pas le terme. Pour justifier cette double peine, on avançait qu'un emprisonnement de quelques mois n'aurait guère d'utilité si le vagabond était sitôt après « replacé dans la société ». Aussi les individus vivant sur les routes étaient-ils regardés comme extérieurs ou étrangers à la société humaine : « hors-la-loi », ils prenaient le risque de tomber sous le joug d'un « servage administratif » à durée indéterminée[102]. Que le Code pénal prévoie une mesure non judiciaire, mais administrative, et une peine arbitraire, sans durée déterminée, ne manqua pas d'être critiqué. Aussi, de nombreux amendements furent-ils apportés au dispositif[103], mais ils ne pouvaient remédier au fond du problème. Car ce délit faisait difficulté en lui-même.

Un interdit fondateur du droit occidental moderne

S'il révèle une apparente aporie du droit pénal moderne, le délit de vagabondage accompagne l'essor de la société industrielle, du capitalisme et l'adoption d'une conception bourgeoise et absolutiste de la propriété.

Le délit de vagabondage dans ses rapports au droit pénal moderne

Un délit contraire aux principes du droit pénal moderne. Le vagabondage ne supposait pas la réalisation d'un délit au sens commun du terme, mais l'adoption d'une conduite ou d'un genre d'existence susceptible de favoriser la commission d'autres infractions. L'objectif était moins de sanctionner des délits qu'un style de vie regardé comme un acte préparatoire à ceux-ci : le délit de vagabondage s'expliquait par « la crainte qu'un homme sans ressource et sans travail n'arrive à commettre des actes plus graves[104] » ; il reposait sur cette présomption qu'en choisissant l'errance comme mode de vie, on devenait nécessairement un délinquant. C'était là un « procès de tendance[105] », qui fonctionnait « comme un véritable délit de présomption » dispensant l'accusation d'apporter la preuve de l'infraction, et manquant au principe de la présomption d'innocence[106]. Obéissant à « la logique de l'ancien droit[107] », le délit de vagabondage contrevenait aux grands principes du droit moderne. Jean-François Chassaing observe, en effet, que « si le seul aspect "immoral" du vagabondage avait été retenu », l'infraction aurait dû disparaître après la Révolution, « comme tous les délits purement moraux ou religieux qui ne portaient pas préjudice à autrui ». La définition du vagabondage donnée dans le Code pénal attestait également de l'« éloignement des principes nouveaux » tant sa « phraséologie » était féodale[108] : de même que la déclaration du 27 août 1701, applicable à la ville de Paris, réputait « vagabonds et gens sans aveu » ceux qui n'avaient « ni profession, ni métier, ni domicile certain, ni lieu pour subsister », et qui n'étaient avoués et ne pouvaient « certifier de leur bonne vie et mœurs par personne digne de foi », l'article 270 du Code pénal considérait comme des « vagabonds ou gens sans aveu » ceux qui n'avaient « ni domicile certain, ni moyen de subsistance » et qui n'exerçaient « habituellement ni métier ni profession ».

Un délit largement critiqué. L'institution du délit ne manqua pas d'être critiquée : sur le plan éthique, on nota que les poursuites exercées contre les vagabonds et les mendiants étaient une « violence faite à la liberté et un encouragement à l'égoïsme de chacun » : pourquoi, en effet, punir d'emprisonnement ceux qui parcouraient « les routes de leur pays », et changeaient « constamment de lieu d'habitation », ou « des individus sans ressources » qui demandaient « à leurs frères de leur venir en aide et de partager avec eux un peu de leur superflu » ? Après tout, les chemins publics appartenaient à tout le monde[109]. Sur le plan des principes, on fit remarquer que les diverses infractions punies dans le Code pénal étaient caractérisées « par un ensemble de faits portant atteinte soit au droit de propriété, soit à la liberté individuelle, soit au respect des mœurs et, plus généralement, au bon ordre d'une nation ». Or, il ne semblait pas y avoir d'infraction aux « lois naturelles » dans « le fait de courir les chemins ou de tendre la main pour solliciter une aumône ». Enfin, sur un plan technique, on s'interrogea sur les éléments du délit et l'intention de commettre celui-ci[110] : les absences de domicile, de ressources et de métiers étaient des conséquences qui pouvaient aussi bien résulter « du malheur que d'une faute ». Tout au plus était-ce dans « le refus de travail » qu'une telle faute pouvait se trouver. Or, il n'existait pas de législation qui obligeât à travailler. Aussi n'était-il pas possible *a priori* de prononcer une quelconque pénalité[111].

Un délit caractéristique de l'âge nouveau de la justice pénale. Une incongruité au regard des principes du droit pénal, le délit de vagabondage apparaît néanmoins représentatif de l'ère nouvelle de la justice pénale. Dans *Surveiller et punir*, Michel Foucault définit cet « âge nouveau » – daté de 1791 pour la France – par un « adoucissement des peines[112] ». Or, s'agissant du vagabondage, cette « atténuation de la sévérité pénale » après la Révolution se vérifie aisément : le Code pénal de 1810 prévoyait une peine de prison de quelques mois avant une mise à disposition auprès du gouvernement, quand l'infraction était punie, aux 15e et 16e siècles, d'une marque au fer chaud ou de pendaison, puis de travaux forcés, d'emprisonnement, de bannissement, et de déportation aux siècles suivants. Surtout, Foucault affirme que l'on manquerait le sens de la fin du « grand spectacle de la punition physique » en l'expliquant en termes d'évolution vers « moins de cruauté », « plus de douceur » ou « plus d'humanité ». Car l'extinction de la « fête punitive » aurait d'abord signifié un « déplacement dans l'objet même de l'opération punitive », un « changement d'objectif » ou de finalité : s'il ne devait plus attenter au corps du condamné et au sentiment du public spectateur de l'opération punitive, le châtiment devait toucher « le cœur », « la volonté » et « les dispositions » du malfaiteur[113] ; la punition devait frapper « l'âme » du condamné et lui permettre de guérir[114]. Or, c'est précisément ce qui était recherché dans la mise au travail des errants : derrière le délit de vagabondage, il y avait l'inactivité. C'était donc elle, l'oisiveté, qu'il s'agissait de combattre et, pour ce faire, rien n'était plus simple que de forcer les fainéants à travailler. Les employer, observe Foucault, était « le meilleur moyen de les punir[115] ».

Le délit de vagabondage dans ses rapports au droit des biens moderne

Un délit participant de l'illégalisme des droits et toléré en tant que condition d'existence. À l'examen, la répression du vagabondage s'avère parfaitement soluble dans la modernité : que ce délit sanctionne l'adoption d'un genre de vie plutôt que la réalisation d'un acte positif n'était pas antinomique du droit pénal moderne. C'était là l'illustration de ce phénomène décrit dans *Surveiller et punir* : celui de l'extension du domaine de l'illégalisme réprimé ou sanctionné. Car ce que l'on observait, tout au long du 18e siècle, était « un certain alourdissement de la justice », dont les textes, sur plusieurs points, augmentaient la sévérité : en France, la législation sur le vagabondage avait été « renouvelée et aggravée à plusieurs reprises depuis le 17e siècle » ; un « exercice plus serré et plus méticuleux de la justice » tendait « à prendre en compte toute une petite délinquance » qu'elle laissait autrefois échapper[116]. Et Foucault d'expliquer : sous l'Ancien Régime, les diverses strates de la société avaient chacune leur « marge d'illégalisme toléré » ; « l'inobservation des innombrables délits ou ordonnances était une condition du fonctionnement politique et économique » de celle-ci. Sans doute, les populations défavorisées n'étaient-elles pas dotées de privilèges, mais elles bénéficiaient « d'un espace de tolérance ». Et cet espace était « une condition si indispensable d'existence » qu'elles étaient souvent prêtes à « se soulever » pour le défendre. Or, la vie errante comptait au nombre de ces infractions auxquelles les couches populaires se trouvaient « attachées comme à des conditions d'existence ». Car le vagabondage, bien que sévèrement puni, et en dépit de tout ce qu'il renfermait potentiellement de rapines, « servait de milieu d'accueil aux chômeurs », aux ouvriers ayant « quitté irrégulièrement leurs patrons », aux domestiques ayant « quelque raison de fuir leurs maîtres », « aux soldats déserteurs », en bref « à tous ceux qui voulaient échapper à l'enrôlement forcé[117] ». Quoique formellement prohibée par le pouvoir central, l'errance participait de ces droits premiers, à la subsistance, pour lesquels les pauvres étaient prêts à s'insurger.

Un délit reposant sur l'illégalisme des biens et sanctionné en tant qu'atteinte à la propriété. Il reste qu'à la Révolution ces « droits coutumiers[118] » furent, en même temps que les privilèges, supprimés : « dépouillée des charges féodales » qui pesaient jusqu'alors sur elle, la propriété foncière, en partie acquise par la bourgeoisie, apparut absolue. Dès lors, « toutes les tolérances que la paysannerie avait acquises ou conservées » furent « pourchassées par les nouveaux propriétaires » qui les regardèrent comme de pures et simples infractions. Foucault explique en effet que « si une bonne part de la bourgeoisie avait accepté, sans trop de problèmes, l'illégalisme des droits », elle ne le supporta plus pour « ce qu'elle considérait comme ses droits de propriété » : à partir du moment où la propriété fut envisagée comme un droit absolu, « l'illégalisme des droits qui assurait souvent la survie des plus démunis » tendit « à devenir un illégalisme de biens » qu'il fallait punir[119]. En particulier, le vagabondage – en tant qu'il favorisait ces atteintes aux biens – ne fut plus toléré. Autrement dit, c'est parce que l'errance représentait désormais un risque ou péril pour les bourgeois et leurs biens qu'il convenait de la réduire. Où l'on voit que le délit de vagabondage, loin d'être contraire à la modernité, pourrait avoir partie liée avec le modèle bourgeois et capitaliste de la propriété. Foucault relie d'ailleurs expressément la répression de conduites ou de pratiques dangereuses pour les biens des propriétaires fonciers à l'essor de la société industrielle ou capitaliste lorsqu'il écrit que « l'économie des illégalismes s'est restructurée avec le développement de la société capitaliste », et ajoute qu'avec « les nouvelles formes d'accumulation du capital », les nouveaux « rapports de production », puis le nouveau statut de la propriété, « toutes les pratiques populaires qui relevaient [...] de l'illégalisme des droits » ont été « rabattues de force sur l'illégalisme des biens[120] ».

Un délit assurant la requalification du vagabond en sujet de droit par sa mise au travail. Sous l'Ancien Régime, le corps du condamné était « la chose du roi, sur laquelle le souverain imprimait sa marque et abattait les effets de son pouvoir ». À présent, le délinquant était un « bien social, objet d'une appropriation collective et utile[121] ». Contraint de participer aux travaux publics, le vagabond, en particulier, constituait un bien au service de la société, « une sorte de propriété, rentable : un esclave mis au service de tous ». C'est qu'il apparaissait plus utile de le contraindre à « servir l'État dans un esclavage » plus ou moins étendu que de le supprimer. L'objectif était de lui apprendre à obtenir et même à désirer gagner sa subsistance par le travail, soit de former « l'*Homo œconomicus*[122] ». Forcés à travailler, les vagabonds apparaissaient alors tels des sujets de droit en suspension[123], en voie de conversion vers la cité ou civilisation. Dans le projet des juristes réformateurs, explique Foucault, la punition était « une procédure pour requalifier les individus comme sujets de droit » ; le condamné était « l'ennemi vaincu, le sujet de droit en voie de requalification[124] ». Si la loi devait désormais « traiter « humainement » celui qui était « "hors nature" (alors que la justice d'autrefois traitait de façon inhumaine le "hors-la-loi") », la raison n'en était « pas dans une humanité profonde que le criminel » posséderait au fond de lui, « mais dans la régulation nécessaire des effets de pouvoir[125] ». Si le vagabond, en particulier, ne devait plus être torturé, ce n'était pas parce qu'étant humain, il ne pouvait qu'être citoyen et son intégrité physique respectée, mais parce que l'on entendait le sortir de l'État de nature dans lequel la paresse l'avait plongé, en le rendant actif et travailleur.

Remarques semi-conclusives

La fonction sociale redonnée aux vagabonds, force excédentaire de travail

Loin d'être marginale, l'analyse de Foucault paraît largement partagée. En même temps qu'elle produisait des vagabonds, la société industrielle leur assignait une mission : celle de main-d'œuvre surnuméraire. Ces vagabonds, que multipliait « l'industrialisation de la France[126] », avaient d'emblée une fonction sociale : ils étaient la force surabondante de travail. Déjà en 1906, Jean Bardoux écrivait que la société industrielle connaîtrait toujours un « excès de main-d'œuvre », comme si ce surplus « permanent » était consubstantiel à son déploiement, si bien qu'aux vagabonds du bas Moyen Âge s'ajoutaient ou substituaient les vagabonds de l'âge moderne, constitutifs d'une « sorte d'armée de réserve de l'industrie, errant en quête de travail, grossissant à chaque crise, et diminuant à la reprise sans jamais disparaître ». Déjà un rapport de 1895 relevait l'apparition d'une nouvelle forme de vagabondage, induite par des changements agraires puis industriels, et signifiant la misère plus que la pauvreté. Sans doute, le vagabondage était-il

« redevenu fonctionnel[127] », mais ce mode de vie n'était pas pour autant reconnu comme utile ou bénéfique. Tout au contraire, c'est par sa répression que le vagabond recouvrait un rôle social, celui de travailleur.

Pour une fonction socioécologique du vagabondage ?

Se pose alors une question : à présent que l'objectif de croissance économique puis le modèle industriel sont discutés, le vagabond ne devrait-il pas retrouver sa fonction sociale d'antan ? Que les nomades endossent le rôle d'acteur socioécologique – à raison d'un « style de vie prémoderne, immémorial, qui a sa dignité, son intelligence et sa sobriété » et qui, à ce titre, « mérite le respect[128] » – serait d'autant plus aisé à concevoir que le vagabondage humain ne constitue plus un délit. Aussi pourrait-on penser le droit de vagabonder comme un droit à l'existence ou à la subsistance, allant de pair avec un « projet de société émancipé de l'objectif de croissance économique[129] ». Il reste que ce droit de vivre de manière frugale ne saurait s'exercer sans ces droits d'affouage ou de glanage diminués à l'époque moderne, avec la montée d'une conception absolutiste de la propriété, et qu'il n'est pas certain que les droits de cueillir, de chasser ou de pêcher soient suffisamment étendus pour adopter le style de vie d'un chasseur-cueilleur… Recouvrer ces « droits coutumiers des pauvres » pour pouvoir vivre en nomade, ce pourrait donc être une revendication d'écologie politique, qui participerait de la redéfinition des droits fondamentaux à l'âge de l'érosion de la diversité biologique et des changements climatiques. Encore faudrait-il que le vagabondage soit parfaitement autorisé.

Or, si les humains ne peuvent plus être emprisonnés ou tués pour avoir erré, il n'en va pas de même des autres animaux de la cité : trouvés errant ou divaguant, les animaux dits domestiques peuvent encore être enfermés et euthanasiés.

II. Le vagabondage animal

Également aux fondements de notre droit moderne, l'interdiction de divaguer des animaux domestiques, et la séparation des animaux sauvages et domestiques qu'elle dessine, pourrait néanmoins s'estomper avec la montée des préoccupations écologiques et le développement du droit de l'environnement.

L'interdiction de divagation des animaux domestiques et assimilés

L'histoire du délit de vagabondage humain s'accompagne de celle de l'interdiction de divaguer des animaux, laquelle n'a pas encore disparu.

Les interdictions de vagabondages humain et animal, des histoires apparentées

Du Moyen Âge à la Renaissance : de la libre circulation des animaux à leur relégation à la périphérie des villes. D'abord libres de divaguer, les animaux furent progressivement relégués aux confins de la cité. Au Moyen Âge, en effet, les animaux étaient admis en ville. En particulier, les églises ouvraient leurs portes à tous les êtres de la chrétienté vivant en liberté. Ainsi, les cochons, les animaux de basse-cour, les chiens, les chats déambulaient autour des habitations, dans les rues, et jusque dans l'enceinte des lieux sacrés. La raison en est que les animaux remplissaient un rôle social essentiel[130] : dotés de multiples fonctions utilitaires, ils surveillaient l'étable, aidaient à la chasse, apportaient de la compagnie, nettoyaient les rues, et participaient au transport des humains comme des marchandises[131].

Ainsi, au bas Moyen Âge, vagabondages humain et animal avaient ensemble un sens social. Et de même qu'il n'y eut pas de mesure prise contre le vagabondage humain avant le

14e siècle, il n'y eut pas de texte limitant la libre circulation animale avant cette époque. Ainsi le vagabondage des porcs ne fut pas prohibé à Paris avant une ordonnance de 1350, et ce n'est qu'au 16e siècle que l'on commença à expulser les animaux des églises et à limiter leur liberté de circuler en ville : à Toulouse, les premières réglementations relatives aux chiens errants furent une ordonnance de 1571, enjoignant leur maître de les tenir à collier[132], et un arrêt promulgué en 1682, interdisant, notamment, de laisser divaguer les gros chiens dogues. À la même période, on commença à déplacer les marchés aux bestiaux, désormais jugés bruyants, nauséabonds, et incompatibles avec la dignité d'un voisinage distingué : à Lyon, le marché aux bêtes à cornes fut transféré en 1613 hors des murs, avant d'être rejoint par le marché aux porcs. De même, le marché aux chevaux fut chassé de la place des Terreaux pour être bientôt repoussé plus loin encore. Néanmoins, les rues ne se trouvèrent pas entièrement vidées de leurs animaux à la fin du 17e siècle : à lire les ordonnances de police, on acquiert le sentiment, écrit Olivier Zeller, que la rue était un lieu où erraient des pauvres et des enfants, ainsi qu'une grande quantité d'animaux. Des procès-verbaux étaient, par exemple, dressés contre la pratique consistant à laisser les chevaux partir s'abreuver seuls aux ports[133]. C'est que le vagabondage des animaux fut – comme celui des humains – immédiatement déconsidéré socialement, et que le phénomène continua d'être admis par les gens, alors qu'il était désormais réprimé par des règlements.

Du siècle des Lumières à la période postrévolutionnaire : de l'éradication à l'emprisonnement des chiens errants. Aux 17e et 18e siècles, le chien vagabond fit l'objet de règlements restrictifs, parfois violents. Cette limitation de la libre circulation canine avait plusieurs raisons : d'abord, l'apparition d'une maladie, en particulier la rage, et d'un risque d'épidémie entraînait, dans la plupart des localités, la capture et l'extermination des chiens errants. À cette époque, que ce soit à Londres ou à Liège, tous les chiens trouvés abandonnés et rôdant dans les rues devaient être abattus. Du reste, leur omniprésence les rendait indésirables.

C'est ainsi que face à une explosion de la population canine, Toulouse porta avis, en 1784, que tous les chiens de toute espèce qui vagueraient dans les rues de la ville et des faubourgs le jour et la nuit seraient mis à mort. Le cas n'était pas isolé : à partir du milieu du 18e siècle, on commença à tuer les chiens errants dans les villes de manière méthodique au moyen, notamment, de la noix vomique. À telle enseigne que les historiens parlent de grands massacres canins. En particulier, la ville de Lyon réalisa de vastes opérations d'empoisonnement avant de trouver une alternative à ce moyen d'extermination et de mettre en place un système analogue à celui des fourrières : en 1788, une ordonnance enjoignit tous ceux qui étaient en état de nourrir leurs chiens et qui voudraient les conserver de leur mettre un collier portant le nom et la qualité du maître ainsi que sa demeure, de sorte que tous les canidés « trouvés sans collier pendant le jour et tous ceux, sans distinction, [...] trouvés errant dans la nuit, seront enlevés », « conduits dans un lieu », et y resteront « trois jours, pendant lesquels les maîtres pourront les réclamer [...], passé lequel délai, ceux qui resteront seront tués[134] ». Désormais, les chiens divagants se trouvaient, dans un premier temps, emprisonnés, et leurs maîtres disposaient de quelques jours pour les libérer avant qu'ils ne soient abattus. Pour les vagabonds humains comme canins, la période révolutionnaire signifia donc un adoucissement des peines, caractéristique de l'âge pénal moderne. À l'instar de Michel Foucault, Olivier Zeller met d'ailleurs en garde contre la tentation que l'on pourrait avoir de déceler l'émergence d'une nouvelle sensibilité dans l'atténuation de la sévérité légale, en particulier, dans le sursis accordé à l'animal : sans doute était-ce là une simple mesure de précaution prise à l'égard d'éventuelles contestations, observe l'historien. Car les Lyonnais se plaignaient des cadavres de chiens trouvés en putréfaction. Entre l'apparition du délit de vagabondage humain, l'interdiction de divaguer des chiens, et l'atténuation des mesures publiques, le lien n'aurait d'ailleurs rien d'accidentel : à l'évidence, la volonté de mettre fin au vagabondage des êtres humains et à celui des chiens procédait d'une même logique bourgeoise, sécuritaire et hygiéniste.

L'interdiction de divagation animale ou l'obligation de domiciliation. Quel que soit leur terrain d'étude, les historiens soulignent, en effet, le lien entre les interdictions de vagabondages humain et canin : au Mexique comme en Europe et même en Inde, les tueries de chiens de la fin du 18e siècle furent déclarées en même temps que la « grande chasse aux pauvres[135] ». En vérité, la figure du chien errant, sans feu ni lieu, était inséparable de cette autre figure de l'errance urbaine et du désordre social qu'était le vagabond humain. À Lyon comme à Toulouse, on accusa les pauvres de posséder un ou plusieurs chiens sans avoir cependant le moyen d'assurer leur subsistance, de sorte qu'ils les laissaient s'approvisionner librement dans les rues[136]. Aussi la misère était-elle tenue pour emporter le vagabondage des humains comme des chiens. Un procédé souvent utilisé pour combattre l'errance canine dans les villes françaises, mais aussi belges, visait d'ailleurs les indigents : au milieu du 19e siècle, on créa des impôts sur les chiens, escomptant que ces taxes parussent trop onéreuses à ceux-là mêmes qui, parce qu'impécunieux, avaient coutume de les laisser divaguer afin qu'ils trouvent à se nourrir[137].

En plus de ces mesures fiscales, la lutte contre le vagabondage canin reposait sur l'obligation de mener les chiens attachés : par l'enfermement au domicile du maître, et la tenue en laisse dans l'espace public, ces bêtes se trouvaient « assignées à l'espace privé par le biais du rapport à un maître ». Aussi, les chiens ne furent-ils autorisés à demeurer dans l'enceinte de la cité qu'à la condition d'entrer dans la sphère domestique[138]. En tant qu'elle s'accompagna de mesures prises contre les chiens errants des pauvres, la lutte contre le vagabondage humain serait donc liée à cette manière que nous avons de rattacher l'animal de compagnie au domicile d'un maître, et d'en interdire la fuite. De fait, si l'animal familier a accédé au rang de sujet de droit[139] et bénéficie de mesures de protection, c'est en tant seulement qu'il se trouve rattaché au domicile d'un maître, et remplit son obligation de domiciliation. Car si le délit de vagabondage a disparu en 1994, l'interdiction de divaguer des chiens et, plus largement, des animaux domestiques et assimilés, elle, n'a pas disparu.

Le maintien de l'interdiction de vagabondage animal en droit rural

L'interdiction de divagation des chiens et des chats. Selon l'alinéa 1 de l'actuel article L. 211-23 du Code rural et de la pêche maritime, « est considéré comme en état de divagation tout chien qui, en dehors d'une action de chasse ou de la garde ou de la protection du troupeau, n'est plus sous la surveillance effective de son maître, se trouve hors de portée de voix de celui-ci ou de tout instrument sonore permettant son rappel », ou bien « qui est éloigné de son propriétaire ou de la personne qui en est responsable d'une distance dépassant cent mètres ». Selon l'alinéa 2 du même article, « est considéré comme en état de divagation tout chat non identifié trouvé à plus de deux cents mètres des habitations ou tout chat trouvé à plus de mille mètres du domicile de son maître et qui n'est pas sous la surveillance immédiate de celui-ci, ainsi que tout chat dont le propriétaire n'est pas connu et qui est saisi sur la voie publique ou sur la propriété d'autrui ». Sans doute, le vagabond canin ou félin ne répond-il pas à la définition du vagabond humain qui sans « domicile certain, ni moyen de subsistance » n'exerçait « habituellement ni métier, ni profession », mais l'on retrouve cette idée d'un individu sans maître ou sans aveu qui ne peut être rattaché à un domicile ou feu, le cas échéant, parce qu'abandonné et « livré à son seul instinct[140] », il s'en est trop éloigné.

Surtout, les chiens et chats errants sont traités comme des délinquants : tels les vagabonds humains d'antan, ils subissent les sanctions de l'enfermement et de la mise à mort. L'article L. 211-22 du Code rural dispose, en effet, qu'il appartient aux maires de prendre toutes les dispositions nécessaires pour empêcher la divagation des chiens et chats : habilités à ordonner qu'ils soient tenus en laisse, et les chiens muselés[141], les maires doivent prescrire la conduite à la fourrière de tous les chiens et chats errants ainsi que tous ceux qui sont saisis sur le territoire de la commune. Le sort des chiens et des chats menés à la fourrière se trouve, ensuite, réglé par les articles L. 211-25 et L. 211-26 du même Code : dans l'hypothèse où ces animaux sont identifiés par marquage ou par le port d'un collier, le gestionnaire de la fourrière doit rechercher leur propriétaire. Mais s'il n'a pas été réclamé dans le délai de huit jours[142], l'animal est considéré comme abandonné, et il tombe sous le joug du gestionnaire de la fourrière. Nouveau maître de l'animal, ce dernier peut alors : ou bien, le garder dans la limite des capacités d'accueil de la fourrière ; ou bien après avis d'un vétérinaire, le céder à titre gratuit à des fondations ou associations de protection des animaux[143], ou bien encore, si le vétérinaire en constate la nécessité, l'euthanasier. Au sein des départements officiellement infectés par la rage, l'euthanasie est, d'ailleurs, une obligation[144]. Dans le cas inverse où l'identité des chiens et des chats recueillis par la fourrière demeure inconnue, ces bêtes sont pareillement gardées durant huit jours après quoi le gestionnaire de la fourrière est libre d'en disposer comme des animaux identifiés. Encore ce délai se trouve-t-il réduit de huit à quatre jours en Guadeloupe, en Guyane, à la Martinique, à La Réunion ainsi qu'à Mayotte, Saint-Pierre-et-Miquelon, Saint-Martin et Saint-Barthélemy[145]. Si la difficulté de tenir enfermés un très grand nombre de chiens errants explique la plus grande facilité avec laquelle ces animaux peuvent être tués outre-mer[146], le résultat n'en est pas moins intrigant, qui réserve aux êtres divaguant sur les terres colonisées un destin encore plus précaire qu'à ceux arpentant le territoire métropolitain.

L'interdiction générale de divagation des animaux domestiques et assimilés. Quoi qu'il en soit, les chiens et les chats ne sont pas les seuls animaux interdits de vagabondage : l'article L. 211-19-1 du Code rural prohibe, de manière générale, la divagation de tout animal domestique. En particulier, les « animaux errants sans détenteur, ou dont le détenteur refuse de se faire connaître » et qui sont trouvés pacageant sur les terrains d'autrui « sur les accotements ou dépendances des routes, canaux, chemins ou sur des terrains communaux » peuvent être conduits par le propriétaire lésé ou son représentant « au lieu de dépôt désigné par l'autorité municipale ». Quand ils ne sont pas réclamés, ces animaux sont considérés comme abandonnés et le maire peut procéder à leur vente, à leur cession à titre gratuit[147], ou bien encore à leur euthanasie. Lorsque leurs propriétaires ou détenteurs demeurent inconnus, l'édile autorise le gestionnaire du dépôt à prendre les mêmes mesures et, donc, éventuellement, à les tuer[148]. Un destin identique attend les animaux sauvages errants qui, parce qu'ils se trouvent apprivoisés ou tenus en captivité, obéissent au régime des animaux domestiques. En effet, l'article L. 211-19-1 précité étend l'interdiction de divagation des animaux domestiques aux « animaux sauvages apprivoisés ou tenus en captivité ». Ainsi les individus appartenant à des espèces n'ayant pas subi de modification par sélection humaine et qui, par conséquent, sont qualifiés de sauvages, se trouvent néanmoins privés, s'ils sont domestiqués, de la possibilité de retrouver la liberté dont bénéficient leurs congénères de la même espèce : l'article L. 211-21 du Code rural prévoit que les animaux sauvages domestiqués, mais trouvés errants, doivent être conduits à la fourrière et qu'après un délai de huit jours – si leur propriétaire ne les a pas réclamés –, ils doivent être regardés comme abandonnés, moyennant quoi le maire peut choisir de les céder ou, après avis d'un vétérinaire, les faire euthanasier. Ainsi, les bêtes vagabondes peuvent être encore aujourd'hui capturées, enfermées et tuées à raison même de leur errance. Par conséquent, elles se trouvent comme empêchées de sortir de leur état de domesticité et de se réensauvager, y compris lorsqu'elles appartiennent à des espèces sauvages, dès lors qu'elles vivent sous le contrôle et la direction d'un maître, à l'instar des animaux domestiques. Cette interdiction de fuite, de fugue ou de marronnage se trouve expressément prévue pour les animaux de production.

L'interdiction de fuite, de fugue ou de marronnage des animaux de rente. L'interdiction de vagabondage concerne les animaux de rente, lesquels ne peuvent s'échapper du domaine de leur propriétaire. En effet, la loi prévoit, ou bien la vente des fugitifs au cas où leur propriétaire ne les réclamerait pas, ou bien le maintien entre les mains de leur propriétaire initial, ou bien encore le transfert de leur propriété en d'autres mains : à l'article L. 211-1, le Code rural dispose que les animaux non gardés, ou dont le gardien est inconnu, et qui ont causé un dommage, peuvent être conduits par le propriétaire lésé « au lieu de dépôt désigné par le maire », avant que d'être vendus si nul ne les a réclamés. Pour éviter la divagation des chèvres, l'article suivant accorde aux préfets la faculté de définir les conditions sous lesquelles les caprins peuvent être conduits et tenus au pâturage[149]. Concernant « les volailles et autres animaux de volailles qui s'enfuient dans les propriétés voisines », l'article L. 211-4 prévoit qu'ils ne cessent d'appartenir à leur maître, sous réserve que ce dernier les réclame dans le délai d'un mois après la déclaration en mairie qui doit être faite par ceux chez qui « ces animaux se sont enfuis ». Reprenant l'article 564 du Code civil, le même article 211-4 décide – inversement – que « les pigeons, lapins, poissons, qui passent dans un autre colombier, garenne ou plan d'eau [...] appartiennent au propriétaire de ces derniers » à la condition qu'ils « n'y aient point été attirés par fraude et artifice[150] ». Concernant, enfin, les abeilles des ruches à miel, l'article L. 211-9 dispose que « le propriétaire d'un essaim a le droit de le réclamer et de s'en ressaisir, tant qu'il n'a pas cessé de le suivre » ; autrement, poursuit la loi, « l'essaim appartient au propriétaire du terrain sur lequel il s'est fixé ». Ainsi, les animaux de production ne sauraient jamais recouvrer leur liberté première et s'appartenir à eux-mêmes. Tel l'esclave ayant fui sa case, la bête de somme qui aurait échappé au domaine de son maître ne saurait jamais redevenir *pro suo*[151]. Du moins, le droit rural n'envisage pas cette alternative, qui se contente de statuer sur son maintien ou son changement de propriétaire, et n'imagine pas qu'il puisse devenir, tout au moins de manière pérenne, un animal sauvage[152].

L'institution d'une *summa divisio* des animaux sauvages et domestiques

Si l'interdiction de fuir et marronner des animaux domestiques ou assimilés, puis la *summa divisio* des animaux sauvages et domestiques qui en résulte, apparaissent aux fondements du droit moderne, ce socle paraît actuellement mis en branle par le droit de l'environnement.

L'interdiction du devenir sauvage des animaux domestiques et assimilés

Le rapprochement d'avec les animaux dangereux ou la sauvagerie postulée des animaux divagants. Ainsi l'animal de rente et, plus généralement, l'animal domestique ou assimilé ne saurait jamais accéder au rang d'animal sauvage ou, du moins, pas durablement. En d'autres termes, il ne saurait jamais entrer dans le domaine sauvage que pour subir la nouvelle occupation de son ancien ou d'un nouveau propriétaire –puis rentrer dans la cité– ou bien alors, mourir. À la différence du gibier qui serait parvenu à se dégager du piège tendu par le chasseur et qui aurait recouvré sa liberté, l'animal domestique ou assimilé trouvé errant serait tenu de se rendre et de renoncer à sa nouvelle vie : devenue chose sans maître ou *res nullius*, une vache noire marronne ne serait pas seulement, et contrairement à un chevreuil, susceptible d'être capturée puis tuée. En regard du cervidé, le bovidé gagnerait un supplément de précarité. Son errance ne signifierait pas seulement une vie en suspension, conditionnée à l'éventualité d'une rencontre avec un chasseur, puis à la victoire ou défaite d'une course menée contre icelui, tel un suspect soumis à l'ordalie, mais une vie à interrompre ou achever. Pour avoir franchi la frontière de l'état civil à l'état de nature, la bête se trouverait condamnée par avance ; quand « la liberté de l'animal sauvage » ne serait « envisagée par le droit que par la faculté de la lui ôter », la reprise de liberté de l'animal domestique ou assimilé ne serait envisagée que par le devoir de l'en priver : se soumettre ou mourir, il n'y aurait pas d'autre choix pour ce dernier[153].

À l'examen, le Code rural offre peut-être une forme de légitimation à cette solution, qui range les animaux errants aux côtés des animaux dangereux, comme si l'errance rendait les bêtes « sauvages » au sens d'indomptables, de farouches ou de violentes. En effet, les articles L. 211-19-1 à L. 211-28 dudit code, qui traitent de la divagation des animaux domestiques et assimilés, succèdent aux articles L. 211-11 à L. 211-18, lesquels portent sur la garde des animaux dangereux, et qui font eux-mêmes suite aux dispositions relatives aux animaux de rente et, en particulier, à leur fuite[154]. Entre les états de dangerosité et d'errance des animaux, la loi entretient donc une certaine confusion. D'autant que les articles L. 211-11 à L. 211-28 forment une section intitulée « Les animaux dangereux et errants », de sorte que les uns et les autres se trouvent expressément rapprochés. Parce que quitter le domaine du maître signifierait, pour les animaux, retourner à l'état sauvage et entrer dans l'ordre de la sauvagerie, la loi les présumerait dangereux et organiserait leur capture, leur emprisonnement, puis leur réinsertion ou, selon les cas, leur éradication. En ce sens, Patrick Llored écrit, au sujet des animaux familiers ou des « espèces compagnes[155] » et, en particulier, du chat divagant, que « nommer performativement cet animal "chat errant" revient [...] à lui faire perdre […] son statut d'animal domestique et sociable pour le faire entrer de force dans la catégorie d'animal sauvage et dangereux, laquelle légitime toute action répressive ». Et l'auteur de préciser : « Le chat errant ayant apparemment perdu tout lien avec la société des hommes devient l'animal dangereux car l'errance représente le danger suprême dans nos sociétés disciplinaires », lesquelles sont pour l'heure « incapables de penser la domesticité en dehors de la figure du maître et indépendamment d'une relation fondée sur la propriété de l'animal[156] ».

Des peines plus douces pour les vagabonds humains comme pour les animaux domestiques ou assimilés divagants. Dans son article dédié au chat errant, Patrick Llored énonce que les articles précités du Code rural constituent un « concentré de toutes les normes biopolitiques » qui gouvernent la vie de cet animal, laquelle s'avère d'une « précarité radicale ». Renvoyant aux concepts de biopolitique et de biopouvoir forgés par Michel Foucault, le philosophe affirme qu'il ne fait « plus aucun doute » que les animaux domestiques participent de ce « phénomène historique » qui « est la clé de notre modernité, à savoir le fait que la vie est devenue la grande affaire de la politique », et que l'art de gouverner tous les vivants, humains et autres qu'humains, constitue la raison d'être de la souveraineté.

De fait, en permettant au gestionnaire d'une fourrière de redonner aux fugitifs un maître-propriétaire, qui les ramène à leur utilité première d'animal de rente ou de compagnie, le législateur invite à administrer les animaux divagants de la même façon qu'étaient jadis régentés les vagabonds humains, alors sommés de réintégrer la société en se rendant actifs et travailleurs. De même, en prévoyant la mise à mort des animaux qui se seraient enfuis, puis auraient commencé à errer ou divaguer, la loi reconnaît une forme d'intentionnalité à ces biens meubles qui – comme le Code civil le constatait jusqu'à peu – se meuvent par eux-mêmes, et, partant, les traite à l'égal des vagabonds humains, c'est-à-dire tels des délinquants.

De manière analogue, Jean-Pierre Marguénaud relève que le Code rural « menace directement de mort » les animaux « quand ils sont capturés en état de divagation », et suggère que la loi rurale s'adresse aux bêtes errantes de la même manière que le faisait hier la loi pénale, en dissuadant les humains de se livrer au vagabondage. D'ailleurs, les anciennes dispositions du Code rural montrent que l'histoire du vagabondage animal a connu une évolution comparable à celui du vagabondage humain : comme pour ce dernier délit, finalement aboli, les peines assortissant le vagabondage animal furent avec le temps adoucies, conformément à l'esprit de l'âge pénal moderne. Au regard, en effet, de la loi du 21 juin 1898 sur le Code rural, la vie en sursis des chiens errants s'est potentiellement allongée : initialement, le texte prévoyait que tous ceux trouvés sur la voie publique ou dans les champs non munis d'un collier portant le nom et le domicile de leur maître pouvaient être conduits à la fourrière et abattus après un bref délai de quarante-huit heures, s'ils n'avaient point été réclamés et si le propriétaire restait inconnu. Un siècle plus tard, et pour ne prendre qu'un seul autre exemple, une loi du 22 juin 1989 prévoyait que les chiens et les chats capturés en état de divagation seraient conduits à la fourrière pendant un délai, non plus maximum, mais minimum de huit à quatre jours suivant qu'il était possible ou non de les identifier[157]. Ce sont, en outre, les conditions de détention des animaux errants qui se seraient améliorées[158] dès lors que le lieu de dépôt prévu pour les individus appartenant à des espèces domestiques, soit la fourrière, devrait former un « espace clos aménagé de façon à satisfaire aux besoins biologiques et physiologiques de l'espèce[159] ». Relevons, enfin, que les animaux non réclamés ne sont plus abattus, comme il était prévu avant la loi précitée de 1989, mais soumis à une forme de mise à mort douce : l'euthanasie[160].

La « vie nue » ou librement destructible des animaux domestiques ou assimilés en état de divagation. Avec l'ensemble du dispositif de la fourrière, la mention de l'euthanasie rappelle les développements de Giorgio Agamben sur cette figure de droit romain archaïque qu'est l'*Homo sacer*, et par laquelle la vie se trouvait incluse dans l'ordre juridique en tant qu'elle pouvait être impunément tuée. Selon le philosophe, cette possibilité de supprimer la vie sans sanction aurait une fonction essentielle dans la politique moderne dès lors que la politisation de la vie nue, soit l'introduction de la *zoé* dans la *polis*, serait « l'événement décisif de la modernité », ce que mettent en lumière les concepts de biopouvoir et de biopolitique foucaldiens. Dans la mesure où ils peuvent être tués sans procès, ni autre procédure que celle de la mort douce pratiquée par un vétérinaire, les animaux errants peuvent être regardés comme autant d'*Homines sacri* dont les vies nues se trouvent exposées à « la mort comme telle, sans qu'aucun rite ni sacrifice ne puisse » les racheter[161]. Sans doute, les bêtes errantes ne sont-elles pas humaines, si bien qu'elles ne sauraient former, à strictement parler, des *Homines sacri*. Cependant, Giorgio Agamben précise que *sacer* a pu, dans l'Antiquité, signifier une vie exposée au meurtre avant le sacrifice, et que le terme était alors susceptible de désigner les porcs qui n'étaient pas encore sacrés au sens de consacrés aux dieux, mais seulement *sacri*, c'est-à-dire susceptibles d'être tués[162].

C'est donc sans contresens que nous pourrions parler de l'animal errant comme d'un animal *sacer*. Or, cette qualification ne saurait être sans implication : parce que la vie deviendrait la grande affaire du souverain à l'âge moderne, il en résulterait une sorte de réduction des humains et, ajoutera-t-on, des non-humains qui rendrait simultanément possible d'en « protéger la vie comme d'en autoriser l'holocauste ». Le philosophe en déduit que le schème du droit moderne n'est pas, comme le pensait Michel Foucault, la prison, mais le camp de concentration, lequel ne constitue pas un « simple espace de réclusion », mais organise jusqu'à la suppression de vies. Dès lors, la fourrière, en tant qu'elle administre la mort aux animaux *sacri*, pourrait s'analyser en un camp de concentration manifestant la « puissance insupportable du *nomos*, sa “force de loi” originaire », laquelle consiste « en ce qu’il tient la vie dans son ban [tout] en l’abandonnant[163] ». Aussi, lorsque Georgio Agamben énonce que le camp se trouve « désormais solidement implanté » dans la cité, et constitue « le nouveau *nomos* biopolitique de la planète[164] », on ne peut que se demander si les fourrières n’en donnent pas une redoutable illustration, en tant qu’elles sont des établissements d’enfermement et d’euthanasie des animaux errants, présents dans chaque département[165]. En ce sens, mais à propos des captures d’animaux divagants[166], Patrick Llored affirme qu’il pourrait donner des centaines d’exemples « de véritables chasses aux chats errants » pratiquées en France « dans le but de les exterminer et de procéder à […] de petits génocides ». « Cette “purification” nous rappelle les pires moments de l’histoire récente de l’Europe qui n’en finit pas de reproduire à l’égard des chats ce que de nombreux pays […] ont fait à l’égard de minorités ethniques […]. Il faut s’étonner, poursuit-il, du fait que ces pratiques exterminatrices […] ne soulèvent aucune protestation publique comme si elles faisaient partie de l’arsenal biopolitique dont le souverain dispose pour se protéger et assurer son pouvoir[167]. »

Sans être en mesure d’en juger, avançons simplement que derrière la saisie, l’emprisonnement et la possible mise à mort des animaux errants pourrait se jouer un acte fondamental pour la compréhension de notre droit : la prohibition pour les animaux domestiques et assimilés de fuir, fuguer, marronner ou s’ensauvager n’a sans doute rien d’anecdotique, qui maintient fermement l’opposition des animaux domestiques (ou assimilés) aux animaux sauvages et, ce faisant, la distinction entre les états de cité et de nature[168]. Il reste que la *summa divisio* des animaux domestiques et sauvages pourrait être remise en cause aujourd’hui à la faveur, notamment, de l’émergence du droit de l’environnement.

L'ébranlement actuel de la division des animaux domestiques et sauvages

Un ébranlement seulement apparent : le cas des chats libres et le refus des hybrides

À mi-chemin entre le chat sauvage et le chat domestique, le chat errant doit être liquidé (sauf à repasser sous la puissance d'un maître) pour avoir enfreint l'ordre susdit[169]. Pourtant, le Code rural contient une disposition autorisant la reconnaissance de « communautés de chats dans les lieux publics[170] » ou la « création d'un statut juridique pour les "chats libres"[171] ». En effet, l'article L. 211-27 dudit Code prévoit que les maires peuvent par arrêté, à leur initiative ou à la demande d'une association de protection des animaux, faire procéder à la capture de chats non identifiés, sans propriétaire ni détenteur, vivant en groupe dans les lieux publics de la commune, en vue de faire procéder à leur stérilisation et identification avant de les relâcher dans ces mêmes lieux. Il n'en demeure pas moins que ces chats sont tatoués, vaccinés, suivis sur le plan sanitaire, et qu'ils peuvent continuer d'être nourris à l'endroit de leur capture, de sorte que ces bêtes restent, en vérité, domestiques. Surtout, l'objectif de les stériliser « afin d'éviter leur prolifération[172] » atteste que le dispositif empêche l'ensauvagement ou le marronnage félin et, ce faisant, maintient fermement la division des animaux sauvages et domestiques[173]. À l'examen, le législateur met la même énergie, décrite par Bruno Latour pour assurer la partition entre objets et sujets de droit et éviter la fixation d'hybrides[174], à ce que soit respectée la *summa divisio* du sauvage et du domestique et éviter l'apparition d'animaux marrons. Or des raisons, notamment écologiques, pourraient présider au refus de voir divaguer des hordes de chats féraux. En effet, l'article L. 211-27 précité dispose, à son dernier alinéa, que « dans les mairies et les établissements de soins vétérinaires, une signalisation apparente présente l'intérêt de la stérilisation des animaux domestiques en termes de santé, de bien-être animal et de préservation de la biodiversité ».

Si l'on peut *a priori* s'interroger sur l'atteinte à la diversité biologique qui résulterait de la naissance de chats croisés d'espèces sauvage et domestique, force est de constater que la divagation des animaux vise, en certaines hypothèses, à préserver la tranquillité des animaux sauvages ou à sauvegarder la pureté d'espèces sauvages. Ainsi, « la divagation des chiens dans les terres cultivées ou non, les prés, les vignes, les vergers, les bois, ainsi que dans les marais et sur les bords des cours d'eau, étangs et lacs, propre à entraîner la destruction des oiseaux ou du gibier ou encore de nuire à son repeuplement[175] » constitue une contravention prévue à l'article R. 428-6 du Code de l'environnement. Dans le même esprit de protection des espèces sauvages et, sans doute, pour plus d'efficacité, l'article L. 331-10 du Code de l'environnement dispose, au point 5, que « le directeur de l'établissement public du parc national exerce dans le cœur du parc, les compétences attribuées au maire » pour « la police des chiens et chats errants[176] ». Afin de protéger les espèces sauvages, plusieurs dispositions du droit de l'environnement œuvrent donc à maintenir étanches les ordres du domestique et du sauvage. Il reste que si l'immixtion des animaux domestiques dans le domaine sauvage apparaît prohibée, la réciproque n'est pas vraie. Pour le même motif de protection des animaux sauvages, le droit de l'environnement pourrait, en effet, reconnaître aux individus appartenant à des espèces animales sauvages protégées le droit de parcourir ou d'arpenter librement le territoire européen, y compris au sein de nos villes ou cités.

Le droit du loup d'errer, toujours protégé, jusque dans l'enceinte de nos cités

Dans un récent arrêt du 11 juin 2020[177], la Cour de justice de l'Union européenne pourrait, en effet, avoir reconnu comme un droit des espèces animales protégées de se déplacer hors de l'espace du réseau Natura 2000. En l'espèce, un loup fréquentait depuis plusieurs jours les lieux d'habitation d'un résident d'un village roumain, situé à proximité de deux futures zones Natura 2000 : les sites d'importance communautaire de Bucegi et de Munţii Făgăraş. Le loup jouait avec les chiens du villageois et partageait leur nourriture. Afin de « réinstaller » le loup dans un milieu adapté à son espèce, le personnel d'une association de protection des animaux se rendit, avec un vétérinaire, au village de Simon : poursuivi, capturé, anesthésié, puis « soulevé par la queue et la peau de la nuque », le loup fut enfermé dans le but de l'amener à une réserve naturelle comprenant « un enclos destiné aux loups en provenance de zoos non conformes ». L'histoire veut qu'à l'occasion de son transport, le loup réussit à briser sa cage et à s'enfuir dans la forêt environnante, redevenant *pro suo* comme dans l'hypothèse formulée par Yan Thomas[178].

Toujours est-il que l'association Alianta déposa une plainte contre le vétérinaire et l'association de protection des animaux pour la capture et le déplacement d'un loup, effectués sans autorisation. Le tribunal de première instance de Zărneşti posa alors cette question préjudicielle à la Cour de justice de l'Union européenne de savoir dans quelle mesure la capture ou la mise à mort délibérée de spécimens sauvages de l'espèce protégée *Canis lupus* peut être réalisée en l'absence d'une dérogation obtenue au titre de la directive sur la Conservation des habitats naturels ainsi que de la faune et de la flore sauvages[179], dès lors que ces animaux ont été « aperçus à la périphérie de localités », ou ont pénétré « sur le territoire d'une collectivité territoriale[180] ». Autrement dit, le juge roumain demanda au juge européen si la directive Habitats pouvait être interprétée en ce sens qu'elle imposât[181] aux États membres de prévoir des dérogations aux interdictions de capture et de mise à mort y compris « lorsque les animaux appartenant aux espèces menacées quittent leur habitat naturel et se trouvent soit à proximité immédiate de celui-ci, soit complètement en dehors de celui-ci ».

Retraduite dans les termes d'un droit de vagabonder, l'interrogation portait sur le fait de savoir si les animaux sauvages protégés continuent de bénéficier de leur statut protecteur lorsqu'ils sortent des aires protégées qui leur sont *a priori* dédiées, y compris lorsqu'ils s'aventurent dans les zones humainement habitées. La question était de savoir si la directive Habitats assigne les animaux qu'elle protège aux espaces, en particulier, Natura 2000, ou si elle continue de les défendre quand ils s'échappent des mailles du réseau. Le texte européen leur reconnaît-il un seul droit de divaguer au sein de l'espace du droit des aires protégées, ou va-t-il jusqu'à leur offrir un droit de fugue, de fuite et d'errance dont l'exercice pourrait troubler la vie dans les cités humaines ?

De toute évidence, c'est en ce second sens que la Cour de justice de l'Union européenne s'est prononcée le 11 juin 2020 : sur le fondement de l'article 12 § 1 de la directive Habitats qui prévoit une protection stricte de certaines espèces animales dans leur « aire de répartition naturelle », elle relève, d'abord, que le système n'est pas fondé sur la notion d'habitat naturel, et que le texte n'établit pas un régime de défense « des spécimens d'espèces animales protégées en fonction du lieu, de l'espace ou de l'habitat » dans lequel ils se trouvent à un moment donné. Le juge européen observe, ensuite, que si la directive comporte « un volet consacré à la conservation des habitats naturels, au moyen, notamment, de la désignation de sites protégés, et un autre volet dédié à la conservation de la faune et de la flore sauvages par la désignation d'espèces protégées », elle ne conditionne pas la protection offerte aux espèces protégées à leur présence effective sur les sites protégés, ni ne dépend « de la zone géographique couverte par les sites protégés ou les habitats naturels ». La Cour note, encore, que l'habitat d'une espèce signifie le « milieu défini par des facteurs abiotiques et biotiques spécifiques » où elle vit, sans que cela corresponde « à un territoire délimité de manière fixe et immuable » et que, pour les animaux qui, tel le loup, occupent de vastes territoires, la notion « d'aire de répartition naturelle » est plus vaste que l'espace géographique présentant les éléments physiques ou biologiques essentiels à leur vie et à leur reproduction. Il en résulte que la protection prévue pour les espèces listées ne comporte pas de « limites » ou de « frontières », et qu'il n'est, donc, pas possible de considérer qu'un spécimen appartenant à ces espèces protégées et « se trouvant à proximité ou à l'intérieur de zones de peuplement humain, transitant par de telles zones ou se nourrissant des ressources produites par l'homme » a quitté son « aire de répartition naturelle », ou que cette dernière est « incompatible avec les établissements humains ou les aménagements anthropiques[182] ».

Un droit fondamental de vagabonder des espèces sauvages protégées

On le voit, cette décision du 11 juin 2020 pourrait bel et bien consacrer un droit des espèces sauvages protégées de vagabonder librement sur l'ensemble du territoire de l'Union européenne, transformé en espace lisse[183], sans borne ni frontière, aux fins de satisfaire les besoins itinérants ou nomades d'espèces non humaines, et s'étendant jusqu'aux villes ou habitats humains, devenus *zoopolis*[184]. Dans cette perspective, l'arrêt Alianta signifierait un retrait du droit (civil) de la cité au profit de l'institution de la nature ; soit une avancée, une reprise, voire une emprise de la nature sur la cité.

Cette lecture paraît d'autant mieux fondée que le droit de vagabonder des animaux sauvages protégés pourrait reposer sur plusieurs dispositions du droit de la protection de la nature. En effet, l'interprétation adoptée par le juge européen de la notion « d'aire de répartition naturelle » est confortée par la définition que donne la Convention sur la conservation des espèces migratrices appartenant à la faune sauvage[185] de la notion « d'aire de répartition » : celle-ci « couvre l'ensemble des surfaces terrestres ou aquatiques qu'une espèce migratrice habite, fréquente temporairement, traverse ou survole à un moment quelconque le long de son itinéraire habituel de migration[186] ». Parce qu'il ne serait pas cohérent de définir différemment la notion « d'aire de répartition » dans la directive Habitats et dans la convention de Bonn, le juge européen considère que l'intégrité des animaux sauvages protégés doit être respectée, y compris dans « les zones situées en dehors des sites protégés et, en particulier, inclure des zones de peuplement humain ». Où l'on voit que les animaux sauvages protégés pourraient jouir d'une liberté fondamentale, qui ne se distinguerait pas d'un droit de subsister ou d'exister, et qui serait celle de traverser ou survoler les terres et les eaux pour suivre leurs propres parcours ou itinéraires.

Outre la lettre de la directive Habitats et son articulation avec la convention de Bonn, l'objectif du droit de la protection de la nature commande de reconnaître un droit de divaguer aux animaux sauvages protégés. Car il serait difficile de défendre efficacement ces espèces s'il n'était pas interdit de les capturer ou mettre à mort, sans autre forme de procès, hors des sites protégés. En ce sens, le juge européen relève que plusieurs motifs de dérogation à cette prohibition font précisément référence aux conflits susceptibles de survenir lorsqu'un spécimen d'une espèce animale protégée entre en contact, voire en conflit, avec les humains ou avec leurs biens, comme c'est, par exemple, le cas lorsque les loups entrent dans une bergerie. La Cour observe également que la séparation entre les espaces des humains et des non-humains a disparu avec « le développement des infrastructures, l'exploitation forestière illégale, les exploitations agricoles et certaines activités industrielles » qui exercent une importante pression sur la population de loups et son habitat.

À l'examen, tout se passe comme si le droit de l'environnement visait à rééquilibrer un rapport de force et défendait, contre les humains, le droit des animaux sauvages protégés à habiter la Terre et, partant, à la parcourir. Du reste, la décision ne fait que consolider la jurisprudence relative à la responsabilité sans faute de l'État du fait des dommages causés par les espèces animales protégées : dans l'hypothèse où, par exemple, les oiseaux d'une espèce protégée causent des dégâts dans un verger, l'agriculteur concerné peut demander réparation à l'État du préjudice causé par des êtres relevant d'une réglementation obligeant au respect de leur intégrité. Et s'il existe un régime *ad hoc* pour les éleveurs victimes d'attaques par le loup, ce dispositif relève d'une même logique de responsabilité sans faute du fait du préjudice causé par des êtres qui se trouvent comme sacralisés. À telle enseigne qu'avant même l'arrêt Aliantţa, on pouvait déjà se demander si les êtres sauvages protégés et, d'abord, les loups ne bénéficiaient pas d'un droit de déambuler et de passer, y compris sur les propriétés privées, comprenant un droit de chasser, tuer ou prélever leur part d'animaux domestiques[187].

Observations conclusives

De la réversibilité des positions d'animal sacer *et sacré*

Si les animaux domestiques ou assimilés divagants et les animaux sauvages protégés errants ne sont pas soumis au même régime, les différences demeurent subtiles : tandis que les premiers peuvent être capturés sans autre formalité que la chasse qu'aurait éventuellement organisée une municipalité, les seconds ne peuvent être saisis qu'après obtention d'une autorisation ; quand les uns ne peuvent être tués qu'après expiration d'un délai et entre les mains d'un vétérinaire, une dérogation doit être obtenue pour abattre les seconds. Entre les chiens divagants – animaux *sacri*, susceptibles d'être tués mais non sacrifiés –, et les loups – animaux nécessairement errants, désormais protégés et comme sacrés, mais susceptibles d'être sacrifiés –, l'écart tiendrait dans un rituel à respecter : la demande faite à l'administration d'être exceptionnellement autorisé à attraper, enfermer, voire supprimer un spécimen appartenant à une espèce protégée. En passant du statut d'animal nuisible à celui d'animal protégé[188], les loups ne seraient plus des vies librement tuables, mais des vies sacrifiables, c'est-à-dire toujours tuables, mais au terme d'une procédure spéciale. Les humains, eux aussi, auraient échappé à ce statut d'animal *sacer*, dès lors qu'ils ne sauraient plus subir la peine d'*outlawry* par laquelle les criminels, en Angleterre, pouvaient être condamnés à mener une vie d'errance, et devenaient des « têtes de loup » que leurs frères humains pouvaient couper en toute impunité, c'est-à-dire sans crainte d'être recherchés pour homicides[189]. Une conséquence attachée à la sanction d'un crime en même temps qu'un délit[190], la divagation humaine revenait alors à embrasser la vie supposée errante d'un *wargus* ou loup, et à devenir un « homme-loup » ou « loup-garou », ce « monstre hybride » mi-humain mi-animal, vivant aux confins des cités et en lisière de forêts[191].

Vers un droit des animaux sauvages de se déplacer

En plus du changement de statut d'animaux nuisibles à protégés, les loups pourraient découvrir une modification du regard simultanément porté sur le droit et sur les pérégrinations des animaux sauvages, lesquelles n'apparaissent plus nécessairement erratiques et désordonnées, mais possiblement réfléchies et organisées, ainsi qu'en attestent les laissées des meutes, les frontières de territoires que ces dépôts dessinent, et les interdictions de franchissements qui en découlent pour leurs *alter ego* lupins[192]. Non seulement les loups pourraient connaître un analogue de droit foncier, mais peut-être leurs excréments représentent-ils autant de cairns éphémères balisant des domaines ou héritages mobiles[193]. Or, ce droit animal nomade paraît, dans une certaine mesure, reconnu en droit de l'environnement, lequel encourage la création de corridors écologiques *via* la « trame verte et bleue[194] », ses déclinaisons brune, noire ou turquoise[195], et, à l'échelle européenne, la formation du réseau Natura 2000[196].

De l'arrêté de biotope protégeant le clocher d'une église servant de point d'étape aux hirondelles de passage[197] à l'obligation faite au maître d'ouvrage de creuser un souterrain afin que les hérissons traversent la route à la belle saison, en passant par la trappe intégrée dans une installation hydraulique pour permettre aux saumons de remonter les cours d'eau[198], le droit pourrait bel et bien veiller au respect d'un droit de se déplacer ou d'une liberté d'aller et de venir des animaux sauvages, qu'ils soient ou non protégés.

L'inégal droit de déambuler des entités terrestres

Il reste que le droit de l'environnement ne s'oriente pas en une seule direction, et que les animaux ne naissent pas également libres de déambuler. En particulier, les espèces vivantes exotiques envahissantes sont-elles interdites de migration[199]. Notons que cette prohibition ne concerne pas seulement les espèces animales, mais intéresse également les espèces végétales, de sorte qu'il nous faudrait également étudier le droit de circuler des herbes folles ou « vagabondes[200] », ainsi que le *ius deambulandi* des champignons, peut-être aussi des virus, puis des eaux accompagnées de leurs sédiments[201], voire des esprits korrigans, djinns ou yôkai. Plus faciles à saisir, nous devrions encore faire place aux animaux enfermés dans des installations classées pour la protection de l'environnement (ICPE), mais qui ne sauraient manquer de s'en échapper[202] : saumons génétiquement modifiés confinés, souris de laboratoire ou loups de parcs zoologiques[203], sans oublier l'existence avérée des animaux féraux : en Corse, des vaches, des chèvres et des cochons réensauvagés arpentent les montagnes et créent, par leurs traversées, de nouvelles sentes ou chemins noirs[204].

Une conclusion inverse ?

Nous terminons sur cette hypothèse que le droit de l'environnement pourrait aider au dépassement de l'opposition entre le sauvage et le domestique via le droit des animaux sauvages protégés, lesquels continuent de bénéficier de leur statut protecteur y compris lorsqu'ils s'aventurent dans l'espace de nos cités et errent dans les rues. À telle enseigne que ces bêtes, en particulier les loups, seraient devenues des êtres sacrés après avoir été des corps nuisibles, librement et impunément tuables. En lisant *L'Animal et la Mort* de Charles Stépanoff, on s'aperçoit toutefois qu'il est permis de tirer une autre, voire une conclusion inverse.

Peut-être le droit de l'environnement poursuit-il le mouvement d'expropriation des droits de chasse des paysans au profit des propriétaires fonciers des territoires concernés. En ce sens, l'anthropologue observe que le système d'indemnisation des pertes occasionnées par les prélèvements lupins tend à faire des éleveurs ovins « des nourrisseurs de loups rémunérés par l'État » dès lors qu'ils n'ont plus le droit de tuer ces bêtes. « Paradoxalement, poursuit-il, le mythe du prédateur sauvage est peut-être en train de transformer le loup en animal domestique, protégé et nourri par la puissance publique. Comme en Mésopotamie ancienne, la gestion du fauve demeure une prérogative strictement régalienne[205]. » En définitive, ce droit du loup de glaner quelques brebis ne signalerait pas tant l'émergence d'un droit des animaux sauvages qu'il ne sonnerait le glas du « droit coutumier des pauvres ». Il reste que ce livre sur la pratique actuelle de la chasse en territoire métropolitain, aux confins du Perche, de la Beauce et des Yvelines, vient précisément remettre en question ce présupposé selon lequel le droit de chasser ne serait plus exercé pour répondre à un « besoin » alimentaire, mais seulement à titre de loisir. À le lire, on se plaît alors à imaginer que le droit de déambuler puisse s'entendre d'un droit à l'existence ou à la subsistance qui, loin de se réduire à un droit du sport en plein air ou des itinéraires de randonnée, signifierait un droit de parcourir et d'arpenter la terre comprenant un droit de se sustenter chemin faisant[206].

Chapitre 2
Déambuler, cheminer, circuler : une ligne de partage des droits

Et si la déambulation était aux origines du droit ? Et si cette notion donnait accès à la signification même du droit ? Revenons-en donc au sens des mots : déambuler, c'est aller au hasard des rues, couper à travers champs, se laisser partir à la dérive, voguer en mer et se perdre dans les allées forestières ; c'est se promener sans but, s'autoriser des détours, suivre les méandres d'un fleuve, arpenter les pans d'une montagne ou en dévaler les pâturages. De son côté, le vocable droit vient du latin *directus*, qui signifie « sans courbure, direct, à angle droit », au figuré, « sans détour ». Dès lors, l'expression « droit de déambuler » apparaît comme une contradiction dans les termes : elle désigne ensemble le tors et le sans-tors. Cependant, la science ou la technique juridique n'a pas toujours été univoquement appelée droit ; longtemps, on a pu la nommer jurisprudence ou *jurisprudentia.* Quand *prudentia* indiquait une connaissance ou compétence, le mot *jus* ou *juris*, venu du sanscrit *jos*, rappelait l'éloignement des dangers et l'alliance des divinités[207]. D'ailleurs, sous sa forme latine : celle du *jus deambulandi*, le droit de déambuler ne comprend pas l'antinomie d'une ligne simultanément courbe et droite. Au regard du substantif *jos*, dont serait issu le latin *jus*, le *jus deambulandi* indiquerait bien plutôt un savoir-arpenter les terres ou divaguer en mer avec la bénédiction des dieux et des déesses, puis l'assurance, pour l'aventurier ou l'aventurière, d'échapper aux périls, menaces ou risques encourus. Ainsi compris, le droit de déambuler évoquerait les premiers vers de l'*Odyssée* et les exploits de l'homme au long périple, qui « pendant des années erra, voyant beaucoup de villes, découvrant beaucoup d'usages » et souffrant en mer de tant de maux indicibles.

Ce faisant, le droit de déambuler nous renverrait aux origines mêmes du droit. Selon Carl Schmitt, en effet, le mot « usages », employé au verset trois du premier chant de l'*Odyssée*, ailleurs traduit par « mœurs » ou par « coutumes », correspondrait au grec *nomos* : rapporté dans le texte à ce qu'Ulysse aurait eu le loisir d'observer en maintes citadelles, le terme désignerait l'enceinte, l'enclos et la localisation sacrale contenue dans le *nomos*. Or, le *nomos* formerait, d'après le juriste nazi, « la configuration immédiate sous laquelle l'ordre social et politique d'un peuple » deviendrait « spatialement perceptible » ; « première mensuration et division des pâturages », il « serait la mesure qui divise et fixe les terrains et les fonds de terre selon un ordre précis ». Ainsi, « la prise de terres, la fondation d'une cité ou d'une colonie » rendraient « visible le *nomos* avec lequel un clan ou la suite d'un chef ou un peuple » se fixeraient « historiquement en un lieu », feraient « d'un bout de terre le champ de force d'un ordre » et deviendraient « sédentaires ». « Au sens originel », le *nomos* signifierait « l'immédiate plénitude d'une force juridique qui ne passe pas par la médiation de la loi ». Dès lors, ce que le marin aux mille exploits aurait découvert en ces cités serait la « force juridique » préalable au « règne des lois », soit le droit avant la loi. Mais c'est dire aussi que la traversée des mers et l'arpentage des terres seraient étrangers au *nomos* puisque c'est en tiers extérieur ou spectateur que le voyageur aurait –à s'en tenir au verset trois– découvert les multiples manières de prendre la terre. D'ailleurs, le phénomène juridique serait consubstantiel à la sédentarité : il résulterait du devenir établi ou arrivé de « tous les peuples de tous les temps », et qui, « partis vers de nouveaux espaces », auraient « au cours de leur migration » procédé à des prises de terre[208].

À suivre Carl Schmitt, le nomadisme précéderait la juridicité ; l'errance ou la fugue serait antérieure au *nomos*, soit à la prise de terres, puis à leur partition ou distribution. Parce qu'il n'y aurait pas de droit avant la capture de terres pour y demeurer, le droit d'errer ou de divaguer serait un contresens, le *ius deambulandi*, un oxymore. Pourtant, il n'est qu'à songer au héros aux mille ruses et aux diverses guerres ou réagencements de territoires auxquels celui-ci prit part au cours de ses pérégrinations pour douter de la distinction entre un temps préjuridique nomade et un temps juridique sédentaire. Manifestement, l'errance et la sédentarité interagiraient plutôt qu'elles ne se suivraient historiquement. Surtout, *nomos* pourrait ne pas signifier une prise de terre et sa division : dans *Le Nomos de la Terre*, le mot est présenté comme venant de *nemein*, qui signifierait aussi bien « partager » que « faire paître » ; *nomos* serait « la mesure qui divise et fixe les terrains et les fonds de terre selon un ordre précis[209] ». Cependant, dans *Mille plateaux*, le terme est dit avoir pour racine *nem*, laquelle n'indiquerait précisément pas le partage des pâturages, mais la distribution des bestiaux. Et Deleuze et Guattari d'insister : « au sens pastoral, la distribution des animaux se fait dans un espace non limité », et elle « n'implique pas un partage des terres : "le métier de pâtre, à l'époque homérique n'a rien à voir avec un partage des terres" » ; « faire paître (*nemô*) ne renvoie pas à partager, mais à disposer çà et là, répartir les bêtes[210] ».

Cette opposition entre les sens schmittien et deleuzien du mot *nomos* – celle du partage et de la distribution, du divisé et de l'indivisé – apparaît d'autant plus claire qu'elle recouvre une autre distinction : celle de l'espace clôturé et de « l'espace non limité », celle du privatisé et du commun. Selon Schmitt, en effet, le *nomos* relève « étymologiquement de la clôture ». Mieux, « tout *nomos* est ce qu'il est au sein de sa clôture ». Et l'ancien professeur de relater : « Au commencement se trouve la clôture. Le monde façonné par l'homme est conditionné en profondeur et jusqu'au niveau conceptuel par la clôture, l'enceinte, la frontière. C'est l'enceinte qui produit le sanctuaire en le soustrayant au commun, en le plaçant sous sa propre loi, en le vouant au divin[211]. » Ainsi la force juridique consisterait en une prise de terres, suivie du partage de celles-ci et de leur retrait de l'espace commun. Au contraire, chez Deleuze et Guattari, le *nomos* désigne « un espace sans frontières, ni clôture ». Il s'infère du trajet nomade, lequel « distribue les hommes (ou les bêtes) dans un espace ouvert, indéfini » et se différencie du « chemin sédentaire », qui assigne « à chacun sa part » dans « un espace fermé[212] ».

Si *Le Nomos de la Terre* et le « Traité de nomadologie » présentent des conceptions antithétiques du *nomos*, celui-ci se trouve, néanmoins, chaque fois dissocié du droit au sens de la loi, soit du « règne des lois » ou du *logos* : d'une part, Schmitt n'a de cesse de rappeler qu'avec l'assimilation du *nomos* à la loi, nous avons oublié la dimension spatiale de ce dernier et que le phénomène juridique ne se réduit pas au « système légaliste positiviste », caractéristique de l'époque moderne. « Il y a plusieurs genres de droits », insiste-t-il. « Il n'y a pas que la légalité étatique », formée de règlements et réglementations ; il est aussi « un droit pré-étatique, extra-étatique et interétatique[213] ». En particulier, le *nomos* indique ce « moment fondateur de l'ordre spatial, à savoir la fondation d'une ville ou la colonisation » ; il est cet « acte constituant qui ordonne l'espace », et dont les lois dévieront ensuite, ou qu'elles continueront. D'autre part, Deleuze et Guattari affirment que « c'est seulement à partir de Solon que *nomos* [a pu] désigner le principe des lois et du droit », puis s'identifier « aux lois elles-mêmes ». Auparavant, il y avait « plutôt une alternative entre la cité, ou *polis*, régie par les lois, et les alentours comme lieu du *nomos* ». Si donc le *nomos* « a fini par désigner la loi », en réalité, il « s'oppose à la loi ou à la *polis*, comme un arrière-pays, un flanc de montagne ou l'étendue vague autour d'une cité[214] ».

Ainsi, le *nomos* se distingue du *logos*, mais parce qu'ils conçoivent différemment le premier, les penseurs ne le distinguent pas pareillement du second : tandis que chez Schmitt, le *nomos* apparaît comme une forme historiquement antérieure à celle des lois, tout en étant à leur base ou fondement, Deleuze et Guattari supposent que les deux modes ont pu longtemps coexister, et ce de manière non parallèle, mais a-parallèle. Ces derniers considèrent, en effet, que *nomos* et *polis* ne sont pas exclusifs l'un de l'autre (de sorte que le second se serait substitué au premier), mais qu'ils sont dépendants, et s'agencent ou s'articulent ensemble. De nos jours encore, la société des États (*polis*) continuerait de jouer avec des organismes non étatiques (*nomos*), en particulier avec les multinationales, lesquelles « fabriquent une sorte d'espace lisse déterritorialisé où les points d'occupation comme les pôles d'échange deviennent très indépendants des voies classiques de striage[215] ». Ce dont on s'aperçoit, alors, est que pas plus Schmitt que Deleuze et Guattari ne se montrent fascinés par le *nomos* et ne lui vouent un culte aveugle : quand les seconds nous mettent en garde contre l'idée selon laquelle le *nomos* serait idéel ou bon en lui-même, le premier insiste sur la disparition de l'ancien *nomos*, qui, « né de la découverte féerique, inattendue d'un Nouveau Monde », ne pourra jamais « se répéter ».

Ce que l'on découvre dans le même temps est que *Le Nomos de la Terre* pourrait nous parler de l'âge de l'Anthropocène : lorsqu'il écrit qu'à son époque, on « ne pourrait imaginer un événement analogue » à la découverte de l'Amérique « que sous des formes fantastiques », en supposant par exemple que les hommes rencontrent un « corps céleste » à exploiter, mais que « de telles fictions » ne résoudraient pas « la question d'un nouveau *nomos* », laquelle ne pourrait pas davantage être réglée par des « inventions scientifiques », Schmitt paraît nous prévenir contre les solutions proposées par les remèdes technicistes, comme la géo-ingénierie. Et quand il conseille de réorienter la pensée « vers les ordres élémentaires de leur existence terrestre », il semble nous inviter, tel Bruno Latour, à atterrir plutôt qu'à coloniser d'autres planètes[216].

Évidemment, nous ne saurions reprendre sans précaution le mot d'ordre d'un juriste compromis avec le régime nazi et partir, après lui, à la recherche du « nouveau *nomos* de la Terre ».

Mais peut-être pourrait-on commencer à s'interroger sur cette dimension spatiale que le système légaliste moderne nous aura fait, selon lui, oublier. Car il n'est pas certain que les lois soient dégagées, à l'époque moderne, de toute inscription territoriale. Du moins, dans *Mille plateaux*, la distinction *logos/nomos* se fait-elle au regard d'un critère spatial : alors que « l'espace sédentaire est strié par les murs, des clôtures et des chemins entre les clôtures », « l'espace nomade est lisse, seulement marqué par des "traits" qui s'effacent et se déplacent avec le trajet[217] ». C'est dire que l'espace légal, sédentaire, pourrait être qualifié de cadastral, et que le droit de déambuler, en rien illogique, se distinguerait du droit de cheminer. Pendant que le droit de cheminer formerait l'espace strié du *logos*, le droit de déambuler créerait l'espace lisse du *nomos*. Ainsi la forme du droit se départagerait en deux, au moins en deux. Car une troisième modalité pourrait encore se dégager : celle de la circulation, de sorte qu'aux droits de cheminer et de déambuler, il faudrait ajouter celui de circuler.

Quoiqu'il renvoie au *Nomos de la Terre* comme au « Traité de nomadologie », Alain Supiot distingue, en effet, la déambulation nomade de la circulation globale : si « dans les temps modernes, [l'inscription territoriale des lois] s'est trouvée liée à un ordre juridique qui faisait de l'État la clé de voûte des institutions », et du monde « un pavage d'États souverains », comme le montra Carl Schmitt, « cet édifice institutionnel » s'est depuis lors « effondré ». Et si « la logique impériale » demeure « à l'œuvre », elle n'a plus, explique le juriste, « le visage d'une puissance localisable qui prétendrait étendre sans cesse l'empire territorial de ses lois, mais plutôt celui d'une déterritorialisation des lois, menée au nom de la globalisation du monde ». Or, les manières d'évoluer dans « le monde global » ne sauraient « être confondues avec l'antique figure du nomadisme[218] ». Tout en reprenant Deleuze et Guattari, Supiot distingue ainsi l'espace des nomades ou de « ce qu'il en reste » de l'espace des multinationales. Plus exactement, l'auteur paraît repérer trois types d'organisations spatiales : l'espace moderne des États, l'espace global contemporain, l'espace nomade rémanent. Surtout, il n'en reste pas à la description de ces modes, et discrimine entre eux : selon lui, « la déterritorialisation du Droit n'a pas plus d'avenir que la nostalgie d'un ordre purement interétatique. La seule chose certaine, poursuit-il, est que l'homme est un animal terrien et qu'il lui faudra retrouver le sens de la mesure pour redessiner un monde vivable ». En définitive, seule la « figure du nomadisme » n'est pas expressément dite dépassée et discréditée.

Serait-ce alors que le nomadisme annonce la forme juridique de demain, et qu'en elle, nous puissions découvrir le nouveau *nomos* de notre Terre en plein changement climatique et biologique ? En vérité, il se pourrait que ce soit précisément là le danger et le procédé à éviter : « essentialiser un rapport à la Terre », quand bien même ce rapport serait-il le mode – frugal et hautement économe – des chasseurs-cueilleurs. Du reste, le nomadisme pourrait, en certains cas, ne pas exister sans l'État, et réciproquement, l'État ne pas exister sans ces bandes, tribus ou gens du voyage, habitant les marges. Sans doute, ces deux formes d'organisation territoriale – nomadisme et étatisme – peuvent-elles prendre sens ensemble, l'une en regard de l'autre, telles la vallée et la montagne, de sorte qu'il serait vain de penser l'une sans l'autre[219]. Pour inventer de nouvelles manières juridiques de vivre à l'âge de l'Anthropocène, peut-être devrions-nous alors – et plutôt que de partir à la recherche d'un nouveau *nomos* – nous essayer à réécrire les lignes de partage entre *logos* et *nomos*. Et puisqu'aux espaces nomade et étatique paraît s'ajouter l'espace global du marché, on chercherait à tracer de nouvelles lignes de partage entre *logos*, *nomos* et espace global, soit entre cités, arrière-pays et marché planétaire.

Après la prise coloniale ou l'emprise moderne des terres, puis la déterritorialisation des lois à l'époque libérale, peut-être s'agirait-il de penser des mouvements de retrait ou de déprise humaine des terres, leurs éventuelles reprises par elles-mêmes, voire l'incursion des vies ou l'ingression des eaux des arrière-pays dans les cités. Faire reculer l'espace lisse du marché et l'espace strié du *logos* au profit du *nomos* (au sens de *Mille plateaux*), renverser le principe de libre circulation et veiller à ne pas trop régenter la mobilité douce afin d'autoriser la fugue, la fuite, puis le déploiement de nouveaux styles de vie ; ce pourrait être une possibilité.

Dans cette perspective, nous partirons des droits transnationaux de l'Organisation mondiale du commerce et de l'Union européenne qui, en rouleaux compresseurs ou compacteurs, viennent à lisser l'espace. Interrogeant le principe de libre circulation au regard des préoccupations écologiques de notre temps, on s'interrogera sur notre représentation de la liberté d'aller et de venir, et sa légitimité. Poursuivant avec le droit de l'environnement, nous nous demanderons si ce droit émergent ne redessine pas un espace strié de voies et de chemins que devraient emprunter les humains, mais également et, peut-être surtout, les eaux, les sédiments, les animaux, champignons ou végétaux, et si, le cas échéant, notre droit n'opérerait pas de nouvelles prises ou colonisations de terres. Enfin, on s'autorisera une incursion sur le terrain de l'anthropologie de la nature : en même temps que l'intérêt juridique du nomadisme pourrait se vérifier, nous pourrions être invitées à procéder à une ultime distinction, et en venir à dissocier l'errance de la déambulation.

Quitter l'espace lisse du marché pour réatterrir

Dans « L'inscription territoriale des lois », Alain Supiot rappelle que « la mondialisation du commerce des choses est un phénomène conjoncturel, qui procède de choix politiques réversibles (ouverture des frontières commerciales) et de la surexploitation temporaire de ressources physiques non renouvelables (prix artificiellement bas des transports)[220] ». Quoiqu'en porte-à-faux avec les recommandations scientifiques actuelles du Groupe d'experts intergouvernemental sur le climat ou de la Plateforme intergouvernementale scientifique et politique sur la biodiversité et les services écosystémiques, ces choix demeurent au fondement du droit de l'Organisation mondiale du commerce. En effet, le préambule de l'accord de Marrakech (1994) présente l'objectif de croissance économique comme une fin en soi, à atteindre par la réduction des « tarifs douaniers et des autres obstacles au commerce et à l'élimination des discriminations dans les relations commerciales internationales ». « L'horizon » est ici « celui d'un Marché total, embrassant tous les hommes et tous les produits de la planète, et au sein duquel chaque pays abolirait ses frontières commerciales[221] ». Cette politique qui « conduit à réduire la diversité des systèmes juridiques nationaux », « invités à se purger de toutes les règles susceptibles d'entraver la libre circulation » des capitaux et marchandises, « s'étend à la terre elle-même », alors « ouverte aux investissements ou à la spéculation immobilière[222] ». Sur la base donc de l'espace strié du droit moderne se serait formé l'espace lisse d'un droit global propre à garantir la fluidité des échanges marchands, pour accompagner la révolution industrielle, d'abord, et pour construire un marché commun au sortir de la Seconde Guerre mondiale, ensuite.

De fait, cet idéal d'un droit global indifférent aux lieux, et où pourraient librement circuler, sans obstacles ni frontières, les capitaux et marchandises est également celui de l'Union européenne. Il revient même à celle-ci de s'être, la première, définie « non plus comme un territoire ou un ensemble de territoires aux frontières clairement identifiables », mais tel un « espace de liberté », « sans frontières intérieures », ni « limites discernables[223] ». Il se trouve, en effet, que le marché unique ou intérieur de l'UE repose sur ces quatre libertés, associées au libre-échange, que sont les libres circulations des biens, des services, des capitaux et des personnes. Toutefois, une refondation du pacte européen est aujourd'hui à l'œuvre : depuis 2000, la Charte des droits fondamentaux de l'Union européenne énonce, à son article 37, qu'un « niveau élevé de protection de l'environnement et l'amélioration de sa qualité doivent être intégrés dans les politiques de l'Union ». De son côté, le Traité sur le fonctionnement de l'Union européenne prévoit, à son article 191[224], que la politique de l'Union contribue à la poursuite de la préservation de la qualité de l'environnement ou de l'utilisation prudente et rationnelle des ressources naturelles.

Concernant la liberté de circuler des personnes, l'idée de la supprimer et même de la limiter peut néanmoins heurter : qui oublie l'existence de ceux qui pâtissent de l'espace Schengen plutôt qu'ils n'en jouissent, pourrait ne pas comprendre comment, ni même pourquoi nous autres Européens renoncerions à une liberté qui participe des droits fondamentaux civils et politiques comme économiques et sociaux. Il reste que si nous prenons au sérieux la condition qui est désormais la nôtre au 21e siècle, nous ne pouvons ignorer l'impact sur le système Terre de nos déplacements ferroviaires et, surtout, routiers et aériens. Prenant acte du coût écologique de ces derniers trafics, le philosophe et environnementaliste Dominique Bourg – tête de liste d'Urgence écologie – avait alors proposé, à l'occasion des élections européennes de 2019, de supprimer les liaisons aériennes pour lesquelles il existe une alternative en transport en commun (en moins de cinq heures)[225], d'augmenter le prix des vols, de baisser celui des trains, de relancer les trains de nuit, etc. Loin d'être isolée, cette proposition rejoint celle d'allouer aux humains des droits ou quotas de circuler, notamment en avion, dans la limite d'une certaine quantité de dioxyde de carbone ou d'autres gaz polluants émis dans l'atmosphère par nos déplacements. Aussi l'interdiction principielle de se déplacer au moyen de transports polluants pourrait-elle être posée à l'avenir.

Attenter à notre liberté d'aller et venir, c'est là, aussi, ce à quoi le constitutionnaliste et environnementaliste Laurent Fonbaustier paraît prêt de consentir lorsqu'il écrit : « si l'ère libérale est familière d'un esprit [...] de conciliation, un réexamen s'impose lors de la confrontation » de nos droits et libertés avec les « nouveaux objectifs » écologiques. Un réexamen à l'issue duquel les libertés de pensée ou de conscience pourraient se trouver épargnées quand un droit ou devoir « d'inventaire s'imposerait souvent, y compris quant aux modalités d'exercice d'une liberté d'aller et venir pourtant fondamentale ». Et l'auteur d'expliquer : « L'essentiel est de comprendre que la préservation des éléments vitaux du monde est une exigence incommensurable. Sa tiède mise en balance avec les droits et libertés classiques [...] n'est plus appropriée car l'environnement est situé sur un plan différent : il est [...] la condition même de possibilité de tous nos droits en tant qu'il conditionne la vie, sans laquelle le droit lui-même deviendrait impensable. » Dans cette perspective, le juriste propose –premièrement– « de ne plus "essentialiser" de façon inconséquente et idéologique le droit de propriété et les libertés d'entreprendre, du commerce et de l'industrie », –deuxièmement– « d'initier une nouvelle typologie des droits humains en distinguant à partir du degré d'empreinte physique occasionnée (ou non) par leur exercice », –troisièmement– « de valoriser parallèlement la satisfaction individuelle équitable des besoins primaires transformés en droits[226] ». Le reprenant au mot, nous pourrions, tout d'abord, cesser d'essentialiser de façon inconséquente la liberté d'aller et venir, et ne plus la regarder comme un droit indissociablement attaché à la personne humaine et inhérent aux seuls êtres humains, ensuite, distinguer au sein même de ce droit entre ses exercices légitimes et illégitimes, et dissocier clairement entre les déplacements polluants et la mobilité douce, enfin, transformer en véritable droit notre « besoin primaire » d'activité physique qu'est celui de marcher, de grimper ou de courir. Ainsi, la liberté d'aller et venir ne signifierait plus la liberté de prendre l'avion ou d'emprunter un ferry, mais celle de se déplacer à pied ou à vélo, dans une optique tout à la fois décroissante, conviviale et écologique.

Sans doute, la proposition paraîtra-t-elle naïve et, surtout, inutile, dès lors que le droit d'arpenter la terre ou de la parcourir se présente comme un droit positif, déjà acquis. En France, la liberté d'aller et venir signifie le droit de se déplacer librement dans l'espace public. Cependant, l'étendue de cet espace public et, partant, la mesure exacte de notre droit de circuler s'avèrent limitées : en pratique, ce droit se trouve grandement limité par la multiplicité de propriétés foncières privées, appartenant à des personnes de droit privé comme de droit public, qui s'avèrent fermées au public. Si la Suède ou la Norvège reconnaissent légalement l'existence d'un *right to roam* ou droit d'accès à la nature[227], leur permettant de passer librement sur le terrain d'autrui, nous autres Français n'en bénéficions pas. Et s'il existe quelques décisions du Conseil d'État, en particulier de l'automne 2020, relatives aux atteintes portées « au principe d'égalité d'accès à la nature », le droit d'accès à la nature n'est pas pleinement reconnu par le juge français. Mais pourquoi ne pas le revendiquer ? Peut-être trouverions-nous là le moyen de redéfinir la liberté d'aller et venir dans les termes du droit de l'environnement : d'une liberté de circuler dans l'espace public, la liberté d'aller et venir deviendrait un droit de parcourir ou d'arpenter la Terre.

Toutefois, l'articulation entre la liberté de parcourir la terre, d'errer ou de passer à travers champs et le droit de l'environnement pourrait ne pas être aussi évidente. Car ce dernier pourrait bien former un espace contraint, non libre mais strié.

Scruter l'espace strié de l'environnement pour s'en échapper

En plus de produire des « lieux réels hors de tous les lieux », par exemple des installations classées pour la protection de l'environnement, le droit dit de l'environnement pourrait mettre en relation ces « utopies situées » ou « hétérotopies[228] », et assurer leur coordination. En effet, le réseau européen Natura 2000 et la Trame française verte et bleue relient des aires protégées entre elles. Ces instruments assurent la cohésion territoriale du droit de la protection de la nature. Surtout, ils permettent de lutter contre l'érosion de la biodiversité et d'aider la faune et la flore à répondre au changement climatique en facilitant leurs déplacements. La formation d'enclaves, *via* la création de parcs nationaux ou de réserves naturelles, présente, en effet, cet inconvénient de ne pas faciliter les brassages génétiques en isolant *a priori* les êtres vivants. La délimitation des espaces de protection constitue un obstacle d'autant plus fort au maintien des populations animales ou végétales que le réseau des transports humains, notamment automobile ou ferroviaire, est dense. Pour compenser ces empêchements, toutes sortes de chemins – berges de fleuves, bermes de routes, haies de bocages, ballasts de voies ferrées, bandes boisées ou chemins creux – sont envisagés comme des voies de liaison pour les migrations, la reproduction, l'hibernation, la dispersion des espèces, puis qualifiés de « corridors biologiques[229] ».

Il reste qu'en instituant ces passages, le droit de la protection de la nature pourrait strier l'espace jusqu'alors libre des êtres non humains. Loin de garantir un déplacement autonome des animaux, des champignons, végétaux ou sédiments, le droit de l'environnement quadrille un nouvel espace dédié aux non-humains : ainsi que l'énonce clairement l'article R. 371-16 du Code de l'environnement, la Trame verte et bleue « constitue un outil d'aménagement durable du territoire » ; comme en atteste un contrat signé par l'ancienne région Bourgogne en 2007, les corridors biologiques sont des « infrastructures de circulation » de la biodiversité[230]. Dans « Connecter, traverser, longer », Tim Ingold nous donne à voir quel hiatus pourrait, dès lors, exister entre l'esprit d'un corridor écologique et le comportement d'un « nombre incalculable de créatures non humaines » : « en volant, rampant, serpentant et creusant sous et sur l'infrastructure lisse et linéarisée du monde occupé, toutes sortes de créatures réintègrent et réagencent sans relâche ces fragments croulants pour les adapter à leurs modes de vie[231] ». Aussi, les « structures qui enserrent, canalisent et contiennent » sont-elles « continuellement sapées par les tactiques et les ruses des habitants, dont les "lignes d'erre" ou "l'entrelacs de parcours" [...] court-circuitent les visées stratégiques des maîtres d'ouvrage [...], pour qu'elles s'usent et finissent pas se désintégrer[232] ».

Ne pensant pas en termes de « lignes de vie », ni donc d'« écologie », mais de « connexions » entre des « réservoirs », soit de « points nodaux et de connecteurs[233] », les concepteurs de corridors écologiques auraient-ils par avance échoué dans leur projet ? On peut néanmoins penser que cette « infrastructure de circulation » ne crée qu'une grille de canalisations, d'où les entités terrestres pourront aisément s'échapper. Faciliter la fuite et le déploiement des choses de la nature, telle serait, au fond, la raison de cette institution. Le cas échéant, le droit de l'environnement pourrait rappeler d'autres formes juridiques, plus proches d'une logique déambulatoire que de la circulation dans l'espace lisse du marché ou du cheminement dans un espace strié. La proposition n'est peut-être pas si extravagante qu'il y paraît dès lors que la trame prend pour point de départ des chemins préexistants, tels les drayes, les sentes ou les cours d'eau respectivement formés par le passage des troupeaux, les allées et venues des paysans ou l'écoulement des rivières. D'autant que c'est précisément ce vieux droit des chemins que pourraient également réactualiser les itinéraires de randonnée, présentés dans un titre du Code de l'environnement tout juste avant celui consacré aux « trame verte et trame bleue ».

Sous le titre « accès à la nature[234] », le Code de l'environnement fait, en effet, place aux itinéraires de randonnée, lesquels participent *a priori* d'une même logique gestionnaire : depuis ses assises en 1995[235], la Fédération française de la randonnée pédestre envisage les sentiers comme participant d'une « politique nationale d'aménagement du territoire[236] ». Loin de relever d'un droit d'errer ou de déambuler qui s'exercerait à travers champs, hors des sentiers battus, et dont les traces s'effaceraient au fur et à mesure de l'avancée des promeneurs, le droit de la randonnée relève d'abord de l'espace légal strié. Il doit répondre à « un problème de conservation posé aux espaces naturels les plus fragiles par leur fréquentation publique » et résoudre les conflits d'usage territoriaux entre marcheurs et autres êtres vivants ; il s'agit de concilier la liberté d'aller et venir des humains avec le droit de se déplacer des autres espèces vivantes. Aussi interdit-on aux premiers de marcher hors des sentiers et leur impose-t-on d'emprunter ces derniers.

Dans son ouvrage consacré au droit de la randonnée, Patrick Le Louarn confirme que celui-ci « n'existe que dans la continuité assurée d'un chemin[237] ». Il y a pourtant là, relève son préfacier Bernard Kalaora, un paradoxe : « alors même que la vocation de la randonnée va à l'encontre de toute réglementation ou normalisation », on ne voit pas comment résoudre « ces apories autrement que par la codification des pratiques et leur mise en norme ». Cette « "mise au pas" ne peut se réaliser, ajoute-t-il, sans un travail de déconstruction et de critique de l'utopie initiale, celle de la liberté individuelle totale et de la quête d'une naturalité que l'on veut hors de toute contrainte sociale[238] ». De fait, dès les années 1970, le juriste Jehan de Malafosse observe que « des usages aussi innocents que la promenade ou la cueillette doivent, comme celui de la pêche et de la chasse, être réglementés dans le temps et l'espace[239] ». Parce que le promeneur lui semble être « un usager de la nature comme un autre », dont le « droit devrait être assorti d'obligations correspondantes », le juriste envisage jusqu'à la possibilité de réglementer universellement la randonnée, et ce, sous la forme d'un « permis de déambuler », modelé sur le permis de chasser[240].

Pour « sauver » la nature, d'autres proposent de la « socialiser », c'est-à-dire de l'ouvrir à tous en transformant l'usage du sol en « service public » : en reconnaissant l'accès à la nature tel « un service public », « à l'instar des sports de pleine nature reconnus comme activité d'intérêt général », l'on offrirait « aux autorités locales une base légitime à leurs interventions de police ou d'aménagement pour protéger la nature ordinaire de l'excès de fréquentation[241] ». Dans cette veine, Patrick Le Louarn se prononce en faveur d'une loi qui affirmerait l'accès à la nature « comme une mission de service public » en application du principe selon lequel « le territoire est le patrimoine commun de la nation ». Faisant de « l'accès à la nature un moyen de sa protection », une telle réforme confierait l'organisation de ce nouveau service « aux collectivités publiques concernées par l'environnement », « à charge pour elles de déterminer les espaces dévolus à cet accès, d'en agrandir le capital en surface et en biodiversité, d'en réglementer l'accès [et] d'en contractualiser l'ouverture avec des propriétaires privés ou publics[242] ».

Si la qualification de l'accès à la nature en un service public apparaît moins liberticide que l'admission d'un permis de déambuler, la proposition peut néanmoins heurter, qui réduit le droit de parcourir la terre à un dispositif de droit administratif, et le résume à un pan du droit des sports et simple loisir, quand il pourrait signifier un droit à l'existence ou un droit de subsistance conférant le droit d'accéder aux terres, d'y passer, puis emportant les droits de cueillir, glaner, chasser et pêcher. Dans cette vision, le droit d'arpenter la terre ne répondrait pas à un besoin de concilier le droit des humains de se promener et celui des autres entités vivantes et non vivantes de se déplacer. Il serait un droit de vivre en nomade, un droit dont l'exercice serait d'une si faible empreinte énergétique et biologique qu'il pourrait être qualifié d'écologique et accéder au rang des droits fondamentaux à densifier et solidifier. Dans son texte « Connecter, traverser, longer », Tim Ingold montre comment la manière nomade de parcourir la terre signifie un droit de vivre et subsister. Ainsi les Batek, ces Inuits itinérants, subviennent à leurs « besoins matériels » tout en marchant. Ils se nourrissent « de perceptions en s'impliquant de manière active dans le territoire qui s'ouvre » devant eux, attentifs « à la présence de végétaux utiles à cueillir, ainsi qu'aux foulées et aux traces d'animaux ». De même, le voyage à pied des Foi de Papouasie-Nouvelle-Guinée « ne se limite jamais à un simple déplacement d'un endroit à un autre » : « en quête d'arbres fruitiers, de bon rotin ou de larves d'insectes comestibles », les Foi « travaillent leurs sentiers en les transformant en "couloirs d'inscription actifs"[243] ».

Sans doute, le droit des itinéraires de randonnée ne comprend pas cette dimension existentielle des déplacements nomades. Pour autant, il ne renvoie pas au mode de voyage par « transport » que Tim Ingold oppose au « trajet » : à l'évidence, les voies d'accès à la nature ne sont pas ces « lignes d'occupation », « généralement droites et régulières », analogues à un gazoduc, une route nationale ou une voie de chemin de fer. Ce sont bien plutôt des « routes secondaires » que coupent ces dernières et que « les hommes et les animaux fréquentent dans les environs ». *A priori*, les chemins de randonnée relèvent moins du « réseau-filet de connexions », « construites en prévision de la circulation qui va y passer » dans le cadre « d'un projet colonial d'occupation » qu'ils ne reprennent les « chemins tracés par des pratiques de trajet » ou ne réaniment « les pistes entrecroisées des habitants[244] ». C'est dire qu'en dépit de leur caractère contraint et administratif, les chemins de randonnée pourraient demeurer un point d'entrée pour penser un droit de parcourir la terre qui soit un droit nomade, c'est-à-dire un droit de ces « habitants accomplis » que sont les itinérants, plutôt qu'un droit de colons, lesquels « occupent des lieux », mais sans les habiter[245]. Dans les marges de notre droit positif pourraient ainsi subsister ou naître d'autres règles ou institutions participant d'un droit de déambuler, qui ne se ramènerait pas davantage à un droit de circuler dans l'espace lisse du marché que de cheminer dans un espace strié, serait-ce celui –à vocation écologique– du droit de l'environnement.

Encore ce droit de déambuler pourrait-il se distinguer du libre vagabondage : tandis que le premier pourrait être opposé par des collectifs en déplacement à d'autres collectifs rencontrés sur leur chemin, le second traduirait l'absolue liberté de mouvement des nomades qui erreraient sans jamais rencontrer d'obstacle.

Discerner les nomadismes pour distinguer la libre errance du droit de déambuler

À la jonction de la Thaïlande et de la Birmanie, le peuple des Moken vit de la pêche et de la cueillette, de coquillages et d'ignames. Naviguant le long d'environ trois mille kilomètres de côtes, ces nomades marins sont toujours au bord de la pénurie alimentaire, leurs embarcations n'offrant aucune possibilité de stockage. S'ils se désintéressent de l'accumulation de biens, les Moken ne revendiquent pas davantage la propriété des centaines d'îles qu'ils parcourent, quand bien même ils bénéficièrent longtemps de l'exclusivité de l'archipel. Reprenant les travaux de l'ethnologue Jacques Ivanoff[246], l'anthropologue Philippe Descola observe que ces nomades se refusent à toute forme d'appropriation de l'espace marin, terrestre ou liminaire –l'estran– comme du chemin parcouru ou de l'itinéraire : ne se « reconnaissant aucun droit hormis celui de prélever de la nourriture quotidienne dans des endroits qui ne sont pas reconnus comme leurs », ce peuple de la mer n'a développé « aucune propriété » ou « droit foncier[247] ». À telle enseigne que l'on peut affirmer que « le domaine des Moken n'existe pas », en conclure que les membres de ce collectif « sont a-territoriaux », et se demander si « ce nomadisme marin, qui est comme une longue glissade à la surface du monde », ne serait pas « la forme la plus ténue du rapport à la terre qu'un collectif puisse entretenir[248] ». Cette « dérive à la surface du monde » n'est pas sans rappeler l'espace nomade tel qu'il est caractérisé par Deleuze et Guattari : « lisse » et « seulement marqué par des “traits” qui s'effacent et se déplacent avec le trajet[249] ».

Il reste que les peuples nomades n'évoluent pas toujours de manière aussi indépendante, c'est-à-dire sans rencontrer les « murs », les « clôtures » et les « chemins entre les clôtures » qui strient l'espace sédentaire. C'est uniquement parce que « l'espace parcouru » n'est pas disputé à d'autres humains, et que les êtres végétaux, animaux ou surnaturels avec lesquels ces peuples cohabitent ne réclament pas non plus « une exclusivité de l'occupation des lieux ou un tribut à payer pour leur usage », qu'il n'y a guère de sens – « dans ce vagabondage généralisé » – à parler de droit, de territorialité, et de… propriété[250]. Il est, en effet, d'autres peuples nomades qui vivent, eux, dans les interstices des espaces de collectifs sédentaires. S'ils ne réclament pas non plus la souveraineté de territoires qu'ils ne font que parcourir, le rapport à la terre de ces collectifs « insérés » dans les territoires d'autrui est plus stable que celui des premiers. Car les nomades « encastrés » sont portés à revendiquer des droits d'usage sur les « portions d'espace – parcours de transhumance ou territoires de chasse – pour lesquels ils sont souvent tenus d'acquitter des droits […] au profit de ceux qui en revendiquent la possession[251] ».

Philippe Descola donne maints exemples, dont celui des semi-nomades maku qui vivent dans un rapport de dépendance à l'égard des Tukano dans des zones fluviales et forestières du Brésil et de la Colombie. Puis il énonce que l'une des principales leçons « de l'imbrication spatiale dans les usages de la terre est que la coexistence de collectifs différents » s'avère possible et « même souhaitable » quand ils « exploitent des ressources différentes au sein d'un même territoire sans se porter tort réciproquement[252] ». L'anthropologue fait alors cette observation que, même dans cette hypothèse, et « puisque différents collectifs font usage » « de nombreuses manières » d'un « même espace », alors « la notion de l'appropriation d'un territoire par une société est malaisée à manier[253] ». C'est faire sienne la vision occidentale moderne de la propriété – celle de la « maîtrise-souveraine[254] » –, mais pour montrer combien cette manière exclusive de penser le rapport à la terre est étrangère aux peuples non modernes. Car ce que Descola entend souligner est que ce n'est qu'à partir du mouvement des enclosures – qui débuta au 16e siècle en Angleterre – que l'Europe entreprit de transformer en « marchandises appropriées de façon privative une part toujours croissante des milieux de vie », et que la manière exclusive de penser l'usage de la terre est « le produit d'un système juridique et philosophique propre à l'Occident », étranger aux modes de penser des collectifs non modernes[255].

Mais nous pouvons relever que cette manière de revendiquer des droits d'usage au sein des fonds de terres ou héritages évoque aussi bien les « *bundles of rights* » ou faisceaux de droits du juriste états-unien Welsley Hohfeld[256], les droits coutumiers des pauvres du premier Marx (celui de *La Loi sur les vols de bois* de 1842[257]), les relations entre choses, personnes, choses et personnes (ou servitudes réelles, personnelles ou mixtes[258]) et, de manière générale, une manière médiévale de penser la propriété, soit le système des propriétés simultanées. Lorsqu'il écrit que « l'imbrication spatiale dans les usages de terre » est rendue possible par « le fait que chacun d'entre eux ne devient légitime que si la totalité de la gamme des rapports à la terre est nettement perçue comme un champ de complémentarité par les collectifs qui les mettent en œuvre[259] », Philippe Descola nous renvoie encore aux communs ou biens communs : il paraît ajouter une condition à celles énumérées par Elinor Ostrom pour une auto-organisation efficace et durable des communs environnementaux, voire reformule le deuxième des huit principes fondamentaux à respecter, soit l'existence de règles d'appropriation et d'allocation des « ressources naturelles »

« adaptées aux conditions locales et aux objectifs désirés[260] ». On s'aperçoit alors que les manières de vivre des collectifs nomades « encastrés » dans les terres d'autrui véhiculent une manière de penser la propriété foncière alternative à celle d'un pouvoir du maître d'enclore et de clôturer son domaine pour en repousser et exclure autrui. Dans une perspective nomade, la propriété revendiquée est celle des droits de passer, chasser, cueillir et pêcher en de multiples lieux. La propriété signifie alors un pouvoir d'accéder aux terres des autres, de les traverser et d'y prélever du poisson, du gibier ou des baies pour se sustenter. En d'autres termes, elle désigne un droit d'exister ou de subsister en tant que chasseur-cueilleur[261].

Il est alors permis de s'interroger sur les dispositifs encore présents dans les textes en vigueur – à commencer par le Code rural et de la pêche maritime et le Code forestier – qui nous permettraient encore aujourd'hui de vivre d'activités de chasse, de pêche ou de cueillette : qu'en est-il aujourd'hui en France et, plus généralement, en Europe du maintien des droits de glaner, de cueillir, chasser ou pêcher ? Dans nos sociétés industrialisées, la sédentarité est certes généralisée, le nomadisme marginal, de sorte que rechercher le mode nomade de penser la propriété paraîtra bien sûr curieux, pour ne pas dire étrange, voire farfelu. C'est toutefois l'une des tâches que s'est données l'anthropologue Charles Stépanoff à l'occasion de son enquête sur la chasse menée aux confins du Perche, de la Beauce et des Yvelines[262]. C'est également un thème qui affleure dans l'ouvrage d'Arnaud-Dominique Houte intitulé *Propriété défendue*, notamment dans ses pages relatives au droit de glaner[263]. Sans doute, la part concédée aux déplacements nomades s'avérerait-elle mince dans notre droit, mais quelques cas pourraient être examinés : le droit du loup sorti des bois pour arpenter les rues d'une ville[264], le droit du skieur s'aventurant hors des pistes déjà tracées[265], ou bien encore les règles que les populations roms itinérantes superposent au droit foncier[266].

★

Pour conclure et nous résumer, précisons quel lien pourrait unir le nomadisme au droit et à l'écologie : le nomadisme est généralement présenté comme la manière ordinaire de vivre des humains avant le Néolithique, laquelle ère est souvent regardée comme la période à partir de laquelle ceux-ci, devenant agriculteurs, se seraient sédentarisés. Autrement dit, le nomadisme serait la manière de vivre des humains bien avant l'Anthropocène. Partant, il pourrait nous ouvrir des voies pour conjurer (ou vivre avec) les catastrophes écologiques de notre temps[267]. Dans la mesure où ils dérivent à la surface du monde sans laisser d'empreintes ou presque[268], les « collectifs mobiles » adoptent, en effet, un mode de vie écologique[269]. Aussi, dans l'hypothèse où l'on choisirait de réviser nos libertés d'après l'empreinte terrestre que leur exercice est susceptible de porter, la manière nomade de se déplacer pourrait aider à redéfinir la liberté d'aller et de venir. Sans doute, celle-ci ne signifierait-elle plus la liberté de circuler au moyen de transports potentiellement polluants, mais peut-être celle de parcourir la terre de manière légère ou de l'arpenter sans l'abîmer. Vivre en nomade et prélever quelques spécimens de faune ou de flore, c'est aussi développer des savoirs naturalistes et apporter un soin particulier à ce que nous appelons la diversité biologique – ou biodiversité – et protégeons juridiquement[270]. Du point de vue du changement climatique, vivre en nomade pourrait, enfin, signifier une capacité à se mouvoir qui permette de fuir des températures ou des conditions de vie extrêmes, comme l'attestent les dispositions relatives aux « corridors écologiques » et, en particulier, en France, à la Trame verte et bleue.

En dépit donc de son apparence fantaisiste – mais en tant que futur sujet de *fantasy* ou thème de science-fiction juridique –, la question de la rémanence des « droits coutumiers des pauvres » pour vivre aujourd'hui en chasseur-cueilleur, y compris sur le territoire métropolitain, pourrait participer d'un renouvellement du sens de la propriété foncière, alors résolument ramenée à une propriété de droits d'usage ou, pour le dire avec mes propres mots, à une propriété d'habiter temporairement des places dans des fonds de terre conçus comme des milieux ou lieux de vie[271]. En d'autres termes, il s'agirait de redonner sa force au droit de déambuler *via* une redéfinition de la propriété dans les termes révolutionnaires d'un droit à l'existence ou à la subsistance[272], qui emporterait une liberté fondamentale des entités terrestres d'accéder aux terres, d'y passer et de glaner. Un droit post-naturaliste, ne reposant plus sur l'opposition entre la libre volonté du sujet de droit et l'entière disponibilité des objets de droit, ce *ius deambulandi* ne serait pas reconnu aux seuls humains, de sorte que son exercice pourrait engendrer des conflits entre humains et non-humains, et raviver notre démocratie, transformée en une « écocratie ».

Chapitre 3
Le Pecq contre Bézuchet : du paysage aux servitudes de passage

Un paysage « désigne une partie de territoire telle que perçue par les populations, dont le caractère résulte de l'action de facteurs naturels ou humains et de leurs interrelations dynamiques », dispose l'article L. 350-1A du Code de l'environnement. Par la loi du 8 août 2016 pour la reconquête de la biodiversité, de la nature et des paysages, le législateur français a ainsi repris la définition du paysage retenue par la Convention européenne du paysage[273], laquelle s'éloigne de l'acception première et picturale du terme : la « représentation d'un site généralement champêtre[274] », pour lui préférer ce sens d'un lieu ou pays façonné par des êtres humains et non humains ainsi que par leurs interactions.

Cette définition du paysage n'est pas sans rappeler celle du principe de solidarité écologique, reconnu par cette même loi de 2016 et qui commande de veiller aux liens tissés entre des êtres et leurs lieux de vie : selon l'article L. 110-1 II 6 du Code de l'environnement, le principe de solidarité « appelle à prendre en compte, dans toute prise de décision publique ayant une incidence notable sur l'environnement des territoires concernés, les interactions des écosystèmes, des êtres vivants et des milieux naturels ou aménagés ». Une affinité existe en effet entre la notion du paysage comme portion de territoire résultant d'interrelations entre des êtres vivants et la conception de la solidarité écologique comme une demande d'attention aux interactions existant entre des lieux de vie et leurs habitants. Il s'agit de l'importance accordée aux rapports mutuels qu'entretiennent des êtres (humains ou non), biotiques ou abiotiques, au sein de milieux ou de mondes communs. Quel que soit le caractère sauvage ou artificiel, naturel ou culturel de ces derniers.

Or, parmi les différentes façons de nouer des relations avec d'autres êtres ou entités, il est une manière proprement territoriale de procéder : c'est celle d'aller à la rencontre des autres, de se rendre auprès d'autrui et, partant, de se déplacer. Que ce soit en volant, en rampant, en marchant, en nageant ou en sautillant, que ce soit en avançant sous terre, en passant à travers champs, en longeant les rivières ou en se laissant porter par les vents, les êtres vivants et non vivants se meuvent d'un endroit à un autre. Ce faisant, ils se distancient, se rapprochent ou se rejoignent. Ils interagissent ou interfèrent les uns avec les autres. Dans cette perspective, le paysage procède de ces interactions ; il est un effet de ces interférences, le rassemblement de ces trajets, courses ou parcours, soit un lieu de passages. Aussi est-ce *via* l'étude des droits de passage que nous aborderons celle du paysage.

Outre le lien au paysage, l'étude du droit de passer, de cheminer, de se promener ou de vagabonder pose une quadruple question dans le champ juridique : celle du mouvement des communs, de l'approche topographique, de l'intégration des autres êtres par nos dispositifs humains et du sens même de la loi.

En premier lieu, le droit de passer ou droit d'accès, s'il peut être exercé de manière isolée (par un artisan ambulant, un migrant ou un promeneur), peut encore être revendiqué par des communautés plus ou moins diffuses ou organisées (celles des pèlerins, des manifestants, des randonneurs ou des gens du voyage...) comme par des communautés villageoises dans l'exercice de leurs droits d'usage collectifs (de cueillette, de pacage ou d'affouage...) ainsi que par des corporations de métier (celles des prud'homies de pêche ou du compagnonnage). À telle enseigne que les droits de passage pourraient intéresser les débats contemporains autour des communs, en particulier, fonciers.

Deuxièmement, les droits de passage s'analysent souvent en des servitudes réelles ou prédiales[275], plus précisément, en des servitudes de passage. Ces charges ou obligations pèsent alors sur certains fonds de terre, au bénéfice de fonds de terre appartenant à d'autres propriétaires[276]. En d'autres termes, ces liens de droit associent des choses sises en un lieu ; ce sont des rapports juridiques entre entités territorialement ancrées. En ce cas, les droits de passage se trouvent attachés aux terres plutôt qu'aux humains. D'où l'idée qu'en les examinant, nous pourrions parvenir à penser un droit en prise avec la terre.

Troisième champ de questionnement, les droits de passage n'intéressent pas uniquement les humains, mais l'ensemble des autres êtres qui se transportent d'un lieu à un autre, tels les oiseaux migrateurs – flamants roses, oies, hirondelles ou cigognes –, les prédateurs d'ovidés – loups ou renards –, les grappilleurs de céréales – corbeaux ou corneilles –, les utilisateurs de corridors écologiques – chevreuils ou hérissons –, les espèces végétales vagabondes[277] – molènes ou onagres –, mais aussi les eaux qui, chargées de sédiments, s'écoulent[278]. Aussi, l'examen du *ius deambulandi* ou droit de déambuler pourrait-il nous familiariser avec l'idée selon laquelle les droits n'appartiennent pas exclusivement aux animaux humains.

Quatrièmement, le droit de passer interroge sur les différentes manières de se déplacer et sur la partition entre l'espace sédentaire, strié de murs, de clôtures et de chemins, et l'espace nomade, lisse et seulement marqué – on s'en souvient – « des “traits” qui s'effacent et se déplacent avec le trajet[279] ». Les modes de passage du transhumant, du nomade et du migrant soulèvent alors la question de la signification même du droit et de la distinction entre la loi au sens du *logos*, laquelle départage l'espace « en assignant à chacun sa part, et en réglant la communication des parts » et la loi au sens du *nomos*, qui « distribue les hommes (ou les bêtes) dans un espace ouvert », « sans frontière, ni clôtures[280] ».

C'est en réponse à cette quadruple question et en lien avec celle du paysage que nous voudrions faire cette proposition : celle de revendiquer un droit collectif et fondamental de déambuler sur le fondement des servitudes prédiales de passage et en appelant au revirement de la jurisprudence Le Pecq contre Bézuchet.

Revendiquer un droit collectif et fondamental de déambuler

Le droit de passer ou d'arpenter les terres non seulement participe des droits d'usage des communautés paysannes et, partant, des communs fonciers traditionnels, mais conditionne l'exercice de la majorité de ces droits et s'avère, à ce titre, essentiel. Dès lors, en revendiquant un droit de déambuler, les collectifs de marcheurs d'aujourd'hui ne réclameraient pas un droit accessoire ou superfétatoire, mais un droit primordial : celui d'aller et de venir, ce que confirme la conception italienne des *beni comuni*, qui associe les biens communs aux droits fondamentaux des personnes humaines[281].

Passer, un droit d'usage collectif

Dans *L'Art de marcher*, Rebecca Solnit aborde le droit de se promener en regard des enclosures et de la disparition des communaux. Après la conquête de l'Angleterre en 1066 par les Normands, d'immenses espaces de bois et de prés furent ravis aux paysans, devenus des glaneurs illégaux et des braconniers, avant que d'autres pâtures et champs communaux ne leur soient confisqués – au 17e siècle avec la clôture des terres permise par diverses lois, puis au 19e pour les besoins aristocratiques de la chasse[282]. Dans *Les Usages de la coutume*, Edward P. Thompson rend compte des résistances populaires à ce mouvement des enclosures : il montre comment les paysans luttèrent pour la persistance de leurs droits dans les forêts, les champs, les pâturages, contre la privatisation et la clôture d'iceux. L'essayiste américaine et l'historien anglais insistent sur l'importance des droits de passage dans la défense de ces droits collectifs ou biens communs : de son côté, Thompson souligne l'attachement exceptionnel des gens des lieux à leurs droits de passage. Il explique comment la clôture du parc de Richmond par le roi Charles fut à l'origine de nombreuses affaires judiciaires au milieu du 18e siècle[283]. Il rapporte qu'une fois, les citoyens, sortis vainqueurs d'un procès, grimpèrent triomphalement sur les échelles, se promenèrent hors des chemins et marchèrent dans l'herbe à leur guise « en déclarant que le parc était un bien commun » et qu'ils avaient le droit d'aller là où ils voulaient[284]. L'historien relate ainsi qu'un dénommé John Lewis choisit de forcer un passage pour obstruction de chemins pédestres et que « les défenseurs du droit collectif » publièrent un pamphlet. Statuant en faveur du droit de passer, le juge offrit au plaignant le choix de la porte ou de l'échelle. Peu après, Lewis retourna au tribunal pour se plaindre que les barreaux des échelles – moyen d'accès choisi – étaient trop espacés pour les enfants et les vieillards. Le juge répondit qu'il l'avait aussi observé et qu'il désirait que l'on veille à ce que les échelles « soient construites de telle façon que non seulement les enfants et les vieillards, mais les vieilles femmes puissent monter ». De rage, la princesse Amélia abandonna sa charge, si bien que, dans cette affaire, la roturière l'emporta sur la noble dame.

Quant à Rebecca Solnit, elle montre que c'est par ce droit d'usage collectif, le droit de cheminer, qu'ont été ensuite comme rappelés les communaux dissipés. En effet, diverses associations pour les droits de passage furent créées tout au long du 19e siècle pour défendre le droit de traverser des terrains privés[285] : d'abord maintenus afin que les commerçants et les voyageurs puissent circuler, les droits de passage traditionnels disparurent progressivement, et une loi votée par le Parlement en 1815 facilita leur fermeture. L'autrice mentionne les fondations successives d'une Association pour la protection des anciens chemins dans la région de York en 1824, d'une association éponyme à Manchester en 1826, d'une Société écossaise pour les droits de passage en 1845 et d'une Société pour la sauvegarde des communaux, des espaces naturels et des sentiers en 1865 près de Londres. Devenue la Société des espaces naturels, celle-ci devait sauver la forêt d'Epping : cet espace ayant été fermé au public en 1858 alors qu'il était jusqu'alors permis de s'y promener librement, plusieurs milliers de personnes vinrent protester contre sa clôture et y exercer leur droit d'en user. En particulier, un club de randonnée fut ouvert, en 1884, par des hommes d'affaires londoniens aux fins de « marcher dans la forêt d'Epping » et de « rendre compte des entraves constatées ». Ainsi l'exercice du droit de cheminer venait-il contrecarrer la perte ou freiner la déperdition des communaux. En rattachant « les uns aux autres les territoires morcelés par la privatisation », la marche devenait un acte politique, accompli sous cette tacite bannière : « *reclaiming commons*[286] ».

Retraçant l'histoire du *right to roam* écossais, Gregory S. Alexander confirme le lien entre les enclosures, la perte des communaux et la défense de ces derniers *via* la revendication d'un droit d'errer ou de vagabonder, souvent traduit en un droit d'accès à la nature[287]. Dans les hautes terres écossaises, rapporte le juriste américain, l'évacuation des petits agriculteurs pour y substituer des éleveurs de moutons fut à l'origine d'une vaste diaspora vers l'Amérique du Nord. Ce tragique événement, appelé Highland Clearances et qui s'étendit de 1780 à 1855, mena à la perte d'un style de vie communal[288]. Dans la deuxième moitié du 19e siècle, les éleveurs de moutons furent à leur tour évincés pour l'aménagement de forêts de cerfs. Évidemment, ces conversions engendrèrent des protestations : les *crofters*, dont la survie dépendait de l'usage des terres, et qui se trouvèrent par deux fois repoussés (une première fois pour faire place aux éleveurs et aux larges chemins de pâturage, une seconde par les propriétaires forestiers), se révoltèrent violemment. Leur cause fut entendue, et une loi adoptée en 1886 : le Crofter's Holding Act, qui leur garantit notamment un accès au foncier moyennant de justes loyers. Or c'est dans les mêmes années, observe Alexander, que se firent entendre des doléances pour l'obtention d'un autre droit : celui d'arpenter ou de parcourir librement la terre. S'il fallut attendre la loi de réforme des terres écossaises de 2003 pour que soit consacré un *right to roam*, les graines en auraient été semées un siècle plus tôt, en 1886, lors de la victoire des *crofters*. C'est que le droit d'arpenter ou de parcourir les terres ne consiste pas, dans la loi de 2003, en une simple liberté de se promener ou de gravir les montagnes à destination d'une poignée de gens aisés : non seulement la marche est devenue une pratique sociale populaire, mais la disposition légale relative aux droits d'accès est comprise dans un texte de grande portée dont certains pans intéressent les droits des *crofters* et d'autres les droits des communautés d'acquérir des terres. Ainsi, le *right to roam* est intégré dans une loi qui répond à de fortes aspirations politiques et sociales, remédiant à d'importantes inégalités séculaires dans la distribution des terres. C'est dire que le droit de cheminer n'a été consacré par le Parlement écossais, institué en 1999, qu'en le rattachant aux enclosures, à la disparition des communaux, au combat des *crofters* et, donc, à des enjeux cruciaux.

Passer, un bien commun fondamental

Pourquoi cette affinité entre le passage et les communs ? Sans doute l'explication est-elle de bon sens : pour prélever du bois de chauffe, couper du bois de charpente, ramasser des glands, dénicher des champignons ou faire paître ses moutons et, partant, exercer son droit d'affouage, de cueillette ou de pacage, encore faut-il pouvoir se déplacer, circuler sur les terres ou cheminer. Sans droit de passer, la plupart des droits d'usage des communautés paysannes n'auraient guère de consistance. Au sein des droits d'usage fonciers, celui de passer présenterait cette particularité de conditionner l'exercice de plusieurs autres (tout juste après le droit d'accès avec lequel il pourrait, du reste, se confondre). Ainsi, les droits de passage seraient des droits d'usage collectifs minimaux et, partant, primordiaux ; au commencement des biens communs, il y aurait le droit d'entrer : le droit d'accès, puis celui d'arpenter les terres. À présent que les communaux vécus[289] ont, pour beaucoup, disparu, nous pourrions être tentés de relativiser l'importance du droit de passer. Gregory S. Alexander ajoute qu'un droit de sillonner les terres demeure plus limité qu'un droit de propriété foncière, et que son exercice ne saurait avoir la portée d'une politique de redistribution des terres. Cependant, relève plaisamment l'auteur, ce que ce droit perd en « épaisseur », il pourrait le regagner en « largeur ». La faible densité du droit de parcourir serait compensée par son étendue, c'est-à-dire par son large domaine terrestre potentiel. À défaut de ressusciter les communaux, la lutte pour le droit de cheminer pourrait donc réactiver le sens du commun. Elle ferait passer au second plan, voire oublier la répartition individuelle des terres au profit d'un maillage du territoire ou d'un réseau (ou rhizome) de chemins accessibles à tous.

Élaborer une carte de sentiers ouverts à tous, tel est précisément le projet français « sentier des Terres communes », échafaudé en 1999 et rendu public vingt ans après par le collectif de création urbaine Le Bruit du frigo[290]. Dans *Zone sweet zone : la marche comme projet urbain*[291], l'architecte et directeur du collectif[292], Yvan Detraz, constate une manière d'enclosure de l'espace périurbain bordelais. Densifiées et « augmentées » en équipements et en infrastructures, ces terres périphériques ont vu s'ériger de nouvelles clôtures, se multiplier les enclaves résidentielles et, partant, croître les séparations[293]. Sans doute existe-t-il quelques placettes, squares ou terrains de jeux récemment construits, mais parce qu'ils ne sont pas en mesure de concurrencer les jardins privatifs, ces espaces publics sont rapidement réemployés à d'autres fins[294]. La proposition est alors de se réapproprier ces autres espaces « hérités des anciens villages ruraux » que sont les centres-bourgs, les chemins communaux et vicinaux, les forêts, les bois et les jardins publics… en les reliant par un itinéraire pédestre, un peu à la manière des corridors écologiques, lesquels viennent comme rapprocher des lieux par des rivières, des sentes ou des corridors biologiques. Marcher sur le « sentier des terres communes » redonnerait leur visibilité aux communaux perdus[295].

Précisons qu'en plus des anciens communaux, le tracé réunirait les délaissés, c'est-à-dire les friches, les terrains vagues, les bâtiments abandonnés ou les autres espaces résiduels. De ces lieux, écrit Yvan Detraz, « un rare sentiment de liberté » se dégage : « la propriété n'est pas ressentie », ils « semblent n'appartenir qu'à eux-mêmes[296] ». Cette dernière formule rappelle la théorie médiévale de Moïse de Ravenne[297], selon laquelle une chose située, un lieu et, en l'occurrence, l'église Saint-Ambroise de Bologne, puisse être propriétaire de biens ou droits, sinon d'elle-même[298]. L'expression fait d'autant mieux écho à cette doctrine que le projet bordelais consiste à laisser ces terres à elles-mêmes, à les abandonner aux « dynamiques naturelles » ou à « l'usage libre des habitants », puis à rejeter « la notion de propriété individuelle ». Libérées de l'appropriation des personnes humaines, les « terres communes » – anciens communaux et récents délaissés – deviendraient indisponibles à maints usages et sortiraient du domaine des biens aliénables. On rejoindrait alors cet esprit du droit médiéval davantage tourné vers la stabilité des situations que vers la libre circulation, et reposant sur le droit des servitudes prédiales, qui relie les choses des terres entre elles. Ce droit des servitudes réelles n'est d'ailleurs pas ignoré de l'architecte, qui mentionne les servitudes de passage au titre des instruments permettant de sécuriser et de pérenniser le projet[299].

À cet égard, relevons que les servitudes de passage attestent de l'importance du droit de passer : en droit romain, dans les *Institutes*, trois servitudes de passage venaient en tête des servitudes rustiques. *Iter*, *actus* et *via* se distinguaient par la largeur et la destination du passage.

La première était « le droit d'aller, de venir, et de se promener par un champ, à pied ou à cheval, sans néanmoins y pouvoir mener aucune bête de charge, ni y faire passer aucune voiture[300] ». Un droit de traverser à pied le fonds d'autrui, cette servitude était ainsi définie : *iter est jus eundi ambulandi*. Or, dans cette définition, le mot *ambulandi* n'exprime pas seulement, d'après Bouillier, « une idée de promenade, mais une idée d'aller et de venue[301] ». Ainsi, le *ius deambulandi* pourrait ne pas signifier une simple faculté, accessoire, celle de marcher pour le plaisir, soit un loisir, mais renvoyer – et ce depuis le droit romain – à la liberté d'aller et venir, c'est-à-dire à une liberté aujourd'hui regardée comme capitale : protégée par la Déclaration des droits de l'homme et du citoyen de 1789 à valeur constitutionnelle, la liberté d'aller et de venir appartient aux libertés fondamentales, au même titre que la propriété[302].

Recourir au droit ancestral des servitudes prédiales

Les servitudes de passage peuvent aider à concilier deux libertés : celle de jouir des terres en lesquelles une personne est propriétaire et celle d'aller et de venir. Reconnaître ces servitudes participe donc à la défense du droit collectif et fondamental de déambuler. Les étroites voies piétonnes du Vieux-Lyon, les traboules – du latin *trans ambulare*[303] –, en offrent un exemple. Celles-ci ont fait l'objet de contrats et, plus précisément, de servitudes conventionnelles entre la municipalité et des copropriétés relativement à leurs fonds respectivement publics et privés. En cas de volonté contraire des propriétaires, les droits de passage peuvent néanmoins s'avérer délicats à établir, ce qu'illustre un arrêt rendu par la Cour de cassation en 1809, à l'occasion d'une affaire qui opposa la commune du Pecq à l'acquéreur d'un fonds de terre.

La fermeture de la terre de Mareille

Achetée au lendemain de la Révolution française par un spéculateur foncier, le sieur Bézuchet, la terre de Mareille était traversée par un chemin allant de la commune française du Pecq aux hameaux Demonval et La Montagne. En l'an VIII, l'acquéreur érigea deux poteaux à l'entrée de sa propriété, sur les deux bords du chemin. Parce qu'ils gênaient le passage, le maire de la commune du Pecq ordonna la destruction des piliers. Par arrêtés, il était demandé au propriétaire foncier de laisser une distance de quinze pieds entre ses constructions et le milieu du chemin. Ce dernier ayant refusé d'obtempérer au motif qu'il avait la propriété du chemin, le maire porta l'affaire en justice. Sans attendre la décision du juge, le sieur Bézuchet fit poser entre ses piliers des grilles obstruant complètement le passage par le chemin litigieux. En l'an XII, le maire rétablit la communication en faisant enlever lesdits barreaux[304].

Un conflit s'éleva alors entre le propriétaire foncier qui se prévalait de son droit exclusif de propriété et la commune qui défendait le droit des citoyens de passer. Tandis que le citoyen Bézuchet demandait à être maintenu dans la propriété du chemin contesté et à pouvoir fermer l'avenue, le maire du Pecq soutenait que l'allée n'était pas une propriété particulière, mais une propriété publique et qu'à défaut, elle était « un chemin de service nécessaire » puisqu'il n'existait pas d'autre chemin qui servit « de communication directe entre Saint-Germain[-en-Laye] et Le Pecq, et les hameaux de Demonval, La Montagne et autres lieux environnans[305] ». Afin de justifier l'existence *a minima* d'un droit de passage, le maire arguait d'un état de nécessité : parce que tous les « autres chemins obligeaient les habitans à des détours considérables, à revenir sur leurs pas pour aller du Pecq à Demonval », la route litigieuse devait être qualifiée de chemin vicinal et conservée, au minimum, « à titre de servitude légale ».

Dans la mesure où elle était le seul chemin direct qui conduisait de la commune auxdits hameaux, il existait, au moins, une servitude légale de passage sur le domaine privé de Grandchamp, et la commune n'avait rien d'autre à produire que « l'évidence du besoin » pour prouver son existence. En l'absence de titre, c'est-à-dire d'acte établissant le droit de passage, le maire du Pecq ne pouvait apporter la preuve d'un vieil usage, immémorial, du chemin. Car faute d'être simultanément apparentes et continues, les servitudes de passage ne peuvent être établies par la possession, c'est-à-dire par un usage prolongé dans le temps[306]. Aussi, la commune n'avait-elle d'autre possibilité que d'affirmer le caractère légal de la servitude de passage et d'expliquer que celle-ci trouvait son fondement, ni dans un titre, ni dans la possession, mais dans la loi ; en l'occurrence, dans celle de la nécessité et, plus précisément, dans son utilité générale. Parce que l'article 649 du Code civil dispose que « les servitudes établies par la loi ont pour objet l'utilité publique ou communale, ou l'utilité des particuliers » et que l'article 650 du même Code prévoit que « tout ce qui concerne cette espèce de servitude est déterminé par des lois ou des règlements particuliers », le maire du Pecq considérait que le droit de passer sur le domaine de Grand Champ n'avait pas à être établi dans le respect du droit commun, partant, qu'un titre n'était pas nécessaire, et qu'en l'espèce, la servitude de passage sur le domaine de Grand Champ résultait de son utilité pour les autres personnes que le propriétaire foncier dès lors qu'elle leur évitait de faire des détours considérables pour rejoindre les hameaux voisins.

D'ailleurs, ajoutait l'avocat de la commune en raisonnant *a contrario*, qu'en serait-il si l'usage de ces chemins était, à l'inverse, tenu pour « indépendant de la nécessité » et « si des titres seuls pouvaient maintenir les communes dans l'usage de ces chemins » ? Quels seraient « les résultats de cette doctrine ? » Et le conseil de répondre : « Demain, dans dix, vingt, trente ans, il n'est pas de chemin public dont la propriété ne fût revendiquée par les riverains, qui d'avance se créeraient respectivement des titres, en énonçant, dans des contrats d'aliénations, que la partie de chemin correspondant à leur propriété est une portion de leurs domaines. » De fait, plus de deux cents ans après l'arrêt Le Pecq contre Bézuchet du 23 février 1809 –par lequel la Cour de cassation rejeta le pourvoi de la commune–, nous constatons la privatisation de chemins publics, vicinaux ou de traverse et déplorons la perte de nombreux droits de passage.

Pour un revirement de la jurisprudence Le Pecq contre Bézuchet

Peut-être, alors, serait-il temps de réclamer un revirement de la jurisprudence Le Pecq contre Bézuchet ? En effet, les conclusions produites par l'avocat de ladite commune peu après la Révolution et l'introduction du Code Napoléon pourraient être reprises aujourd'hui aux fins de légitimer un droit de passer des promeneurs sur les propriétés privées toutes les fois qu'une interdiction de circuler les obligerait à faire de longs détours. Il s'agirait alors de proposer une lecture combinée des articles 649, 650 et 682 du Code Napoléon[307] pour fonder l'existence de ces servitudes légales, et de dire : de même qu'un fonds enclavé bénéficie d'une servitude de passage sur le fonds voisin pour accéder à la voie publique, de même les territoires alentour ont un droit de passage sur le domaine d'autrui afin de se rendre aisément en un lieu-dit. Car si les habitants de la commune, voire la généralité des citoyens étaient contraints de faire d'importants détours pour rallier un site à l'autre chaque fois qu'un propriétaire foncier décidait de leur faire obstruction, les gens du lieu seraient entravés dans leur déplacement et, partant, comme enclavés. Aussi existe-t-il des servitudes de passage au titre de la loi pour cause d'enclave des habitants d'une cité et, plus généralement, des promeneurs, des voyageurs ou des marcheurs.

On pourra penser qu'il s'agit là de vaines élucubrations. Mais sommes-nous si éloignés, en droit, de telles affirmations ? Après tout, ne connaissons-nous pas déjà la servitude de marchepied sur les cours d'eau[308] et les chemins du douanier ou servitudes de passage sur le littoral[309] ? Pourquoi n'existerait-il pas aussi une servitude légale de passage sur les chemins noirs[310], voire à travers champs[311] toutes les fois que le promeneur, le voyageur ou le marcheur serait, sinon, obligé de rallonger de beaucoup son chemin ? On pourrait, toutefois, nous objecter qu'ainsi fondée sur les articles susmentionnés du Code civil, la servitude demeurerait limitée à cette circonstance que l'enclave soit significative, c'est-à-dire qu'elle oblige à faire de longs détours, et s'inquiéter de sa portée. On pourrait, aussi, demander si nous ne sortons pas du champ des servitudes prédiales, lesquelles requiert l'existence de fonds voisins : un fonds servant et un fonds dominant. Car si le fonds servant paraît aisément identifiable (il s'agit du domaine du propriétaire récalcitrant), le fonds dominant ne serait autre que les terres voisines, le territoire national, voire le grand fonds de la Terre. Mais peut-être cette vision de fonds d'échelles différentes juridiquement rattachés l'un à l'autre présenterait quelque intérêt, comme en atteste peut-être aussi le célèbre arrêt villa Borghèse que nous allons bientôt aborder[312].

En toute hypothèse, aborder le *ius deambulandi* au travers des servitudes de passage présenterait encore cet intérêt de rendre compte du droit de circuler des entités autres qu'humaines : relisant le chapitre du Code civil relatif aux « servitudes qui dérivent de la situation des lieux », nous pourrions interpréter, par exemple, l'article 644 comme une reconnaissance du droit des eaux de ne pas subir d'entrave dans leur cours et de circuler librement[313]. Reprenant le droit des aires protégées, nous pourrions présenter les sites Natura 2000, par exemple celui du Marquenterre, comme imposant des servitudes aux êtres humains de ne pas marcher hors des chemins afin de respecter le droit des oiseaux d'eau de migrer et de faire une halte dans la zone humide. À l'inverse, d'autres êtres vivants seraient comme assignés à résidence et interdits de déplacement. Ainsi, les espèces exotiques envahissantes n'auraient pas accès à nos territoires, afin de préserver la biodiversité[314]. En définitive, c'est bien la question de la loi au sens du droit civil ou de la *civitas* que posent les droits de passage *via* celle de l'entrée dans la cité et, partant, de l'accès à la citoyenneté des animaux, végétaux ou champignons[315]. Mais c'est peut-être à quoi travaillent déjà les paysagistes lorsqu'ils laissent libres d'aller et de venir les herbes folles et autres vagabondes à travers les failles du bitume, les interstices des pierres ou les plis des marches d'escalier[316].

Chapitre 4
Rome contre Borghèse : la reconnaissance d'un possible droit de déambuler

Rome, 1er mai 1885. Dans la nouvelle capitale du récent État italien, un membre du conseil municipal interpelle Léopold Torlonia (faisant alors fonction de maire) au sujet de la « villa Borghèse, hors les murs à la porte Pinciana[317] ». Depuis quelques mois, en effet, un bruit court dans la cité : le prince Marc-Antoine Borghèse, propriétaire de la villa éponyme, serait en pourparlers pour l'aliénation d'une partie de son domaine au profit de spéculateurs étrangers. Il se murmure que des travaux d'envergure seraient alors réalisés, et on se plaît à imaginer que Rome aura bientôt sa grande et belle promenade à l'égal de la Praterstrasse de Vienne, du boulevard Saint-Germain de Paris ou de la Regent Street de Londres. Mais on redoute aussi que les nouveaux acquéreurs ne condamnent le passage, et ne privent les Romains d'un axe majeur. Car à cette époque au moins, le domaine se trouve ouvert au public, *a minima* en principe, à certaines heures de certains jours de la semaine. Afin de sauvegarder la voie et garantir la pérennité de son usage public, il est envisagé que la Ville se porte acquéreuse de la villa.

C'est de cette rumeur, de ces craintes et de cette potentielle proposition de rachat que le duc Léopold Torlonia choisit de s'ouvrir auprès du propriétaire du domaine, dans une lettre datée du vendredi suivant : connaissant l'esprit chevaleresque et la grande affection de Son Altesse Sérénissime pour la ville de Rome, le conseiller municipal assure ne pas douter que la vente de la villa ne saurait être conclue avant que la municipalité ne soit consultée et interrogée sur son possible désir d'en acquérir elle-même la propriété et ceci –devait ajouter le duc– « sans préjudice des éventuels droits auxquels la municipalité pourrait prétendre[318] ».

Que la municipalité puisse imaginer détenir des droits sur son domaine, le prince Borghèse ne put le supporter. Aussi, trois jours plus tard, il répondait au duc : « Dans votre courrier ayant pour objet l'aliénation de ma villa Pinciana, j'ai relevé avec stupéfaction et déplaisir que vous évoquiez cette possibilité que ma propriété soit grevée de certains droits dont j'ignore l'origine. En raison de ces termes équivoques, de leur gravité, et parce que vous me les écrivez au nom de l'administration communale que vous représentez, vous me voyez contraint de démontrer la parfaite efficacité de mes droits en ordonnant, dès demain, la fermeture de ma villa[319]. » Et c'est ainsi qu'un beau jour, les Romains, le roi, la reine et le petit peuple se trouvèrent, sans préavis, devant le portail clos de la villa Pinciana.

Peu de temps après, le 9 juin 1885, la municipalité demandait au préteur du troisième mandement de Rome à ce que le prince Borghèse soit condamné à *réintégrer* immédiatement la population romaine dans l'usage de la promenade publique de la villa Borghèse. À titre subsidiaire, la commune demandait à être *maintenue* dans l'usage calme et paisible du passage public. En tout état de cause, elle requérait la condamnation du propriétaire foncier à réparer les préjudices causés par son trouble possessoire.

Peut-être ignorez-vous la distinction (supprimée en droit français[320]) des actions possessoires et pétitoires ? Quand les premières tendent à protéger un fait juridique, celui de la possession, la seconde vise à contester l'existence même d'un droit et, plus précisément, d'un droit réel immobilier. En l'espèce, l'avocat de la commune avançait que le peuple romain avait bénéficié de la promenade de la villa Pinciana depuis sa fondation, mieux depuis l'Antiquité, et même depuis des temps immémoriaux, de sorte qu'en fermant les portes de son domaine, le prince avait troublé la population dans la possession que celle-ci avait d'un droit d'user du passage. La fermeture de la villa constituait donc une flagrante violation de la possession d'un droit de passer et elle l'aurait constituée, quand même l'existence de ce droit aurait été – au pétitoire – contestée. Aussi, le prince devait-il être urgemment condamné à *réintégrer* la population dans sa possession et, partant, à rouvrir sa villa comme avant.

Parce que le caractère violent de la dépossession constituait une condition de la réintégrande[321], la municipalité précisait que dans l'hypothèse où la fermeture de la villa ne serait pas reconnue comme un acte de dépossession violent, il était, par défaut, demandé à ce que les habitants de Rome soient *maintenus* dans la possession du passage. Les actions possessoires comptant l'action en maintenance en plus de la réintégrande, la commune avait choisi d'agir sur les deux fondements[322].

Le préteur[323] ayant accueilli la demande de Rome en maintenance, le prince, suivi de la Ville, avait interjeté appel. Puis, le tribunal civil de Rome[324] avait inversement fait droit à la demande en réintégrande, et considéré qu'il n'y avait pas lieu de délibérer sur la demande subsidiaire en maintenance. Le propriétaire foncier, puis la municipalité s'étaient alors pourvus en cassation. Enfin, le 9 mars 1887[325], la haute juridiction rendait sa décision et rejetait les pourvois.

Pour quels motifs ? Avant de les exposer, revenons brièvement sur les thèses en présence et, en particulier, sur celle du prince Borghèse : concernant la réintégrande, sa seigneurie critiquait la décision du tribunal sur trois points. Tout d'abord, il contestait la possible existence d'un droit de passer sur le fonds d'autrui au profit d'une population dès lors que ni la législation en vigueur, ni même le droit romain n'en connaissaient, selon lui, de spécimen. À supposer, ensuite, qu'un tel droit pût exister, le prince affirmait que la réintégrande ne pouvait le défendre, cette action ne portant jamais que sur des choses corporelles. À supposer, enfin, que la réintégrande soit à même de protéger un droit –une chose incorporelle–, le demandeur considérait que la condition de la violence n'était pas, en l'espèce, remplie.

Rejetant le pourvoi, la Cour de cassation reconnaissait l'existence d'un possible droit de passer sur un fonds au bénéfice des habitants d'une cité ; elle affirmait que la réintégrande pouvait être actionnée en défense d'un droit, et énonçait que la violence pouvait consister à faire obstacle à la détention d'une chose, même incorporelle, de sorte que seul le recours à la violence pouvait permettre de le lever. Quand la défense du prince affirmait que celui-ci n'avait souhaité spolier personne, que la fermeture de la villa ne constituait pas une voie de fait, et que le peuple romain ne s'était nullement senti lésé dans l'exercice d'un quelconque droit, la Cour faisait observer que tout acte de violence n'était pas accompli à main armée, que s'agissant d'un groupe de gens, soit d'une population, il aurait été de toute façon délicat de la capturer dans les jardins pour l'en chasser, et que, déjà, le droit romain ne réduisait pas la violence à la seule maltraitance physique.

Quoique tous les éléments du procès soient liés, je vous propose de nous concentrer sur la reconnaissance de ce possible droit de déambuler du peuple romain dans la villa Pinciana, sur les fondements de cet éventuel droit, dans un premier temps, sur les qualifications que l'on envisagea de lui donner, dans un second. Mais disons d'abord quels me paraissent être les enjeux autour de la reconnaissance d'un possible droit de déambuler et quels pourraient être les apports de l'affaire Rome contre Borghèse. À mon sens, le cas présente un double intérêt.

D'une part, il peut être regardé comme un précédent judiciaire pour la revendication d'un droit collectif d'accès à la nature, soit la transposition du *right to roam* nordique dans notre tradition juridique ; il nous montre comment des propriétés privées ont pu demeurer ouvertes à des communautés diffuses de promeneurs et de citadins. En France, le droit d'arpenter la terre, que l'on pourrait imaginer fondé sur les libertés d'aller et venir et de jouir des paysages s'avère encore largement méconnu : récemment, le 2 février 2023, était adoptée une loi visant à « limiter l'engrillagement des espaces naturels et à protéger la propriété privée », qui crée une contravention de quatrième classe pour l'entrée sans autorisation dans la propriété privée rurale ou forestière d'autrui dès lors que le caractère privé du lieu est matérialisé physiquement (nouvel article 226-4-3 du Code pénal). Dans la mesure où le droit de parcourir les terres d'autrui repose, dans le cas Rome contre Borghèse, sur plusieurs fondements juridiques, également connus du droit français, nous pourrions y trouver matière pour défendre la liberté de parcourir les territoires français et italien.

D'autre part, les trois décisions de justice (en première instance, en appel et en cassation) peuvent faire l'objet de diverses interprétations. On peut y voir un exemple de consécration de biens communs au sens de biens qui échapperaient à la dichotomie classique des biens publics et privés, c'est-à-dire de biens qui appartiendraient, ou bien, à une personne (individuelle) de droit public, ou bien à une personne (individuelle) de droit privé : nonobstant l'existence d'une propriété individuelle de droit privé – celle du prince Borghèse –, le droit de déambuler dans la Villa Pinciana appartiendrait possiblement à la communauté (ou collectivité) des habitants de Rome.

Cependant, l'affaire Rome contre Borghèse peut aussi se comprendre comme signalant la fin d'un commun, au sens d'un ensemble de ressources appartenant à une collectivité d'habitants, au profit de la reconnaissance d'un bien public : plutôt que d'appartenir à la généralité ou universalité des Romains, la promenade appartiendrait à une personne morale (individuelle) de droit public : la commune. Dans cette hypothèse, l'histoire serait celle de la victoire de la propriété publique sur la propriété privée.

Pour ma part, je voudrais attirer l'attention sur une éventuelle troisième interprétation : la consécration du droit de passer d'un lieu en un autre, ici de la Ville de Rome dans la villa Borghèse. Dans cette perspective, le droit de déambuler ne serait pas celui d'une personne de droit public, non plus d'une communauté d'habitants, mais celui-là du milieu de vie commun aux Romains : l'*Urbs* ou le lieu, le *topos* de Rome. Dans cette vision a-moderne du droit[326], on attribuerait des droits à des milieux sans en passer par le mécanisme moderne de la personnification, ni considérer les communs comme des ressources gérées par des humains[327].

Mais venons donc à notre cas, à ce possible droit de déambuler du peuple romain dans la villa Borghèse, et avant à ses fondements.

Les fondements du possible droit de déambuler

Quoique local, le conflit autour de la villa Pinciana s'inscrivait dans l'histoire d'une attaque menée sur un vaste territoire : cette querelle entre une famille princière et la municipalité romaine, opposant des intérêts individuels et collectifs, participait d'un combat relatif à la propriété foncière se déroulant à l'échelle au moins européenne. En effet, l'affaire de la villa Borghèse peut être regardée tel un cas d'enclosure, soit comme une illustration de ce mouvement de privatisation foncière et de disparition des terres communes, qui partit au 17e siècle de l'Angleterre pour s'étendre en France, avant de toucher la future Italie, *via* la colonisation française et la transplantation du Code civil de 1804.

D'un côté, la famille Borghèse se représentait ou en était venue à se représenter ses prérogatives en la villa comme des droits pleins et entiers, au moins depuis le premier quart du 19e siècle. Elle veillait jalousement sur *s*es ou *c*es droits et craignaient qu'ils ne soient, pour partie, confisqués si l'ouverture du passage à tous n'était pas regardée comme une tolérance, mais telle une véritable libéralité au sens d'un legs du droit de passer. En d'autres termes, elle se réclamait d'une vision absolutiste de la propriété qu'aurait consacrée le Code Napoléon.

De l'autre, la Ville de Rome commença, dès la fin dudit siècle, à convoiter le passage afin d'offrir une grande et belle promenade aux habitants de la capitale. Autrement dit, il y avait une lutte froide entre des particuliers qui entendaient défendre leur propriété privée comprise comme un droit absolu, et la municipalité qui, pour satisfaire sa population, allait défendre une manière de propriété publique au sens, peut-être – car c'est toute la subtilité de l'affaire – d'une propriété collective, des usages civiques et de ce que nous appelons, aujourd'hui, les biens communs, se recommandant implicitement de l'ancien système des propriétés simultanées.

L'étonnant, dans cette affaire, est que le préteur du troisième mandement de Rome consentit d'emblée à reconnaître la possible existence d'un de ces droits civiques d'usage, réchappés de la colonisation française et du transplant du Code Napoléon[328], comme si, en l'espèce, le juge se devait de sacrifier la vision absolutiste et moderne de la propriété sur l'autel de la nouvelle capitale, de ses intérêts et de ceux du pays récemment unifié.

Revenant sur l'histoire du domaine Pinciana, l'avocat du prince avait expliqué que le cardinal Scipione Borghèse avait hérité de vignes et de jardins avant d'acquérir d'autres terrains, avec, chaque fois, la jouissance pleine et entière des biens acquis. À son tour, le cardinal avait légué la villa à ses neveux, et celle-ci fut encore agrandie. Or chacun des titres fonciers remis à l'occasion de ces transactions conférait *a priori* les plus grands droits : aucune mention d'aucune espèce de servitude que ce soit ne figurerait sur les actes de propriété. Nonobstant ces documents, le préteur reconnut l'existence d'un droit des citadins de passer en la villa.

Selon lui, ce droit de passage était fondé sur un usage très ancien, ainsi que sur la destination de passage public que ses premiers propriétaires lui avaient donnée.

Cette destination n'avait d'ailleurs pas été conférée par pure intention libérale, soit par simple volonté de s'appauvrir sans contrepartie, notait le juge, mais en compensation de biens jadis concédés par la Ville et ses habitants aux fondateurs de la villa.

Au début du 17e siècle, le cardinal Borghèse avait, en effet, obtenu une arrivée de l'eau dite Heureuse depuis un aqueduc romain, de sorte que l'on pouvait y voir comme un sacrifice consenti par la Ville à la villa. De plus, celle-ci intégrait la voie du Mur tordu qui dérivait d'une piste, elle aussi antique. Enfin, le peuple romain avait contribué à l'embellissement du domaine dès lors que le cardinal et ses successeurs avaient acquis pour peu ou à titre gratuit, des monuments d'art et chefs-d'œuvre de l'antiquité romaine à la Ville. Aussi l'ouverture de la villa à la Ville procédait-elle d'une nécessaire et minimale reconnaissance de dette de la première envers la seconde.

Loin d'être libre de droits, le domaine se trouvait, tout à l'inverse, grevé d'une lourde charge envers Rome et ses habitants. À telle enseigne que la villa pouvait être regardée comme une manière d'œuvre et de propriétés collectives de la famille princière et du peuple romain ou de sa Ville. À l'examen, la destination de promenade publique du domaine échappait à la volonté de ses fondateurs : cette destination ressortait de la nature, du corps même de la villa ; elle était commandée par les eaux, les voies et minéraux qui la constituaient –ce pourquoi le préteur pouvait la dire simultanément originelle et perpétuelle.

Si la destination de promenade publique de la villa Pinciana était dite originaire, ce n'était pas seulement à raison de l'usage qui en était fait par les citadins romains depuis des siècles ou, du moins, depuis la création du domaine, mais parce qu'avait été installée dans ses jardins une stèle de marbre sur laquelle était gravée une longue et élégante inscription latine invitant les visiteurs à jouir librement des lieux. Reprenant la traduction italienne d'un ouvrage de

1650 décrivant la villa, les avocats de la municipalité se prévalaient, en effet, de cette épigraphe, laquelle énonçait : c'est « moi, l'hôte de la villa Borghèse Pinciana » qui m'adresse à toi ; « qui que tu sois, pourvu que tu sois un homme libre, ne crains pas d'enfreindre les règlements ; va où tu le souhaites, prends ce qui te plaît, repars à ta guise ». Car « ces délices sont davantage destinés au visiteur qu'au maître des lieux » ; comme « au siècle d'or », le propriétaire ne souhaite nullement imposer ici « les lois de l'âge de fer », et c'est pour toi, l'ami, qu'il tient cette demeure. Cependant, si tu venais à manquer délibérément aux communes « lois de la civilité », alors serait brisée « la carte de l'amitié ».

Bien sûr, on disputa le sens de l'énoncé : tandis que les partisans de Rome mettaient l'accent sur cette présentation que le propriétaire faisait de lui-même comme d'un hôte en sa demeure, plutôt que comme d'un souverain despote sur sa terre, les fidèles du prince insistaient sur la liberté que celui-ci se réservait de revenir sur sa décision de laisser tout un chacun goûter les plaisirs de la villa.

La controverse porta notamment sur la teneur et la valeur d'une telle invitation à jouir des lieux, imprimée dans la pierre d'un mur des jardins : dans le camp du prince, on affirmait qu'il s'agissait d'un ornement littéraire. La déclaration, emphatique, humoristique, et qui n'était pas faite sur une feuille de papier, ni revêtue d'aucune signature, ne pouvait assurément pas s'analyser en un acte recognitif d'une servitude de passage, puis contraindre son auteur et ses ayants droit ou successeurs. Au contraire, du côté de la Ville de Rome, on demandait comment le cardinal Borghèse aurait pu s'engager, lui-même et ses héritiers, avec plus de force et davantage de publicité qu'en installant une bannière visible aux yeux de tous, invitant quiconque en aurait le désir à se rendre dans les jardins, en cueillir les fruits, puis s'en aller librement.

Cette invitation à la promenade, inscrite dans la roche depuis deux siècles, attestait clairement de la volonté du fondateur de la villa puis de ses successeurs de la destiner de manière permanente à la jouissance et au service du peuple. Une telle déclaration était assurément dotée d'une force probante et d'une efficacité juridique au moins égale, sinon supérieure à celle d'un acte authentique, rédigé devant notaire. En vérité, que pouvait-on espérer et imaginer de plus sérieux et incontestable qu'une inscription littéralement gravée dans le marbre ?

À cette question, la défense du prince répondait que la partie adverse manquait singulièrement de culture, qu'il n'y avait, à l'inverse, rien de plus anodin et inconséquent qu'une telle gravure, tant il était fréquent aux 16e et 17e siècles de porter des épigraphes sur les murs des villas, invitant cordialement les gens à entrer. Puisant dans les livres d'histoire, les avocats énuméraient alors les somptueuses villas de ces siècles, dont les jardins se trouvaient pareillement ouverts au public. Ainsi, les villas de Lucello, de Pompeo, d'Agrippa, derrière le Panthéon, et de Malvasia étaient destinées à l'usage et à l'accès libre du peuple : si, donc, on voulait prendre l'épigraphe de la villa Borghèse au sérieux, alors toutes les villas suburbaines de Rome ou presque devaient être réputées grevées d'un même droit des citadins de s'y promener librement.

Le tribunal était averti du risque pris s'il décidait de confirmer la décision du préteur et reconnaissait un droit civique de déambuler dans la villa Pinciana : sa décision serait d'une portée telle qu'elle conduirait à ouvrir maints autres domaines, potentiellement contre la volonté de leur propriétaire. Il n'était pas difficile d'imaginer le scandale et le désordre qui en résulteraient.

C'est assurément la raison pour laquelle la défense de la municipalité choisit de ne pas abonder dans le sens de cette fabuleuse histoire des villas périurbaines, paradoxalement livrée par la partie adverse. Car si le récit était de nature à justifier l'ouverture d'une multitude d'entre celles-ci, et à doter Rome de quantité de beaux jardins ouverts au public, elle était, pour cette même raison, de nature à porter atteinte à la sécurité juridique et, partant, à disposer mal les juges.

Toujours est-il que l'on comprend pourquoi l'affaire de la villa Borghèse peut compter au nombre des précédents utiles dans l'actuel dossier des biens communs ou *beni comuni* : on y trouve une illustration de ce que la propriété a pu ou peut être pensée autrement qu'à partir de la division entre propriétés privée et publique, et différemment d'un droit d'exclure et repousser autrui[329].

À lire les conclusions des avocats du prince, pourtant favorables à cette dernière conception – exclusiviste – de la propriété, de vastes domaines privés seraient demeurés accessibles à tous durant plusieurs centaines d'années, et leurs propriétaires, loin de lutter contre cet état de fait, auraient délibérément ouvert leurs jardins.

Aussi, les propriétaires fonciers se seraient longtemps présentés comme les intendants de leurs demeures, accueillant, en leur sein, tout un chacun. Être maître des lieux aurait signifié en être l'hôte plutôt qu'un despote, et le droit du propriétaire foncier se serait défini au regard de cette fonction d'accueil des autres que lui. Aussi, les fonds privés seraient-ils pour partie demeurés choses communes ou *res communes*, soit des choses à l'usage de tous[330], avant qu'une conception moderne et absolutiste de la propriété ne se soit imposée.

Mais, précisément, cette conception moderne et absolutiste de la propriété n'avait-elle pas renversé l'ancien ordre des choses ? À supposer, en effet, que le droit des Romains de se promener dans la villa eût été fondé sur un usage séculaire, reposant sur une destination donnée par les propriétaires en compensation d'avantages consentis par la Ville et gravée dans le marbre, l'entrée en vigueur de la loi abolissant les biens fidéicommis n'avait-elle pas libéré le domaine de ce possible droit de passer ?

De fait, le domaine avait toujours été légué à titre de fidéicommis, c'est-à-dire à charge pour le bénéficiaire de le transmettre sous certaines conditions à un tiers. En l'espèce, la villa devait être transmise de génération en génération au sein de la famille Borghèse, avec les droits et obligations qui y étaient attachés et, partant, avec l'éventuel *ius deambulandi* qui la grevait. Seulement, une loi du 28 juin 1871 avait étendu aux provinces romaines les dispositions transitoires du Code civil relatives à l'abrogation des biens fidéicommis. Il était donc permis de penser que la villa Borghèse se trouvait libérée de la charge qui pesait sur elle.

Néanmoins, une exception était prévue à l'article 3 de cette même loi. Celui-ci disposait que les droits qui, par fondation ou par quelque autre titre, appartiendraient au public seraient maintenus. Or ces droits, observait la Cour, étaient précisément les droits d'usage acquis par les citoyens pour l'accès aux bibliothèques, aux galeries, musées et... villas. Selon toute logique, donc, la villa Borghèse, qui comprenait, en plus, un musée d'art antique et moderne, devait échapper à l'application de la loi sur l'abolition des biens fidéicommis.

Dans leurs conclusions, les avocats de Rome avaient repris les travaux parlementaires relatifs à la loi de 1871, et démontré que le législateur s'inquiétait de longue date des droits d'usage publics susceptibles de disparaître avec les fidéicommis. Déjà en 1848, un parlementaire avait eu ce souci : « Nous avons à Rome de splendides galeries, de grandes propriétés, et je crois aussi quelques *villas* sur lesquelles le public a des droits. Dans ces cas, avait-il affirmé, il est de notre devoir de les protéger. » Et l'exemple était donné de la « célèbre villa Borghèse » qui, comme chacun le savait, se trouvait être ouverte à tous.

Concernant cet éventuel droit de se promener du peuple romain dans la villa Borghèse, il se posait la question de ses sources ou fondements, mais encore celle de la nature et de la qualification du droit potentiellement établi : de quelle charge, donc, la villa Borghèse était-elle susceptible d'être grevée ?

Les qualifications envisagées du possible droit de déambuler

Une première possibilité était la servitude personnelle, soit un droit de l'espèce des droits réels, tels les droits d'usufruit, d'usage ou d'habitation, expressément reconnus par le Code Napoléon. Le cas échéant, la servitude grevant le domaine Pinciana aurait été constituée au profit des habitants de la Ville de Rome. Cependant, cette hypothèse ne pouvait être retenue puisque les droits réels, temporaires ou viagers, ne pouvaient perdurer au-delà de la vie de leurs bénéficiaires.

Une deuxième possibilité était alors envisagée : celle d'une servitude non personnelle, mais réelle, c'est-à-dire d'un droit reliant non une chose à une personne, en l'occurrence la villa Borghèse au peuple de Rome, mais une chose à une autre chose : ladite villa à une autre chose sise en un lieu.

En effet, les Codes civils français comme italien prévoyaient (et prévoient encore) qu'une servitude réelle est une charge pesant sur un fonds de terre au profit d'un autre fonds appartenant à un autre propriétaire. L'établissement d'une servitude réelle, encore appelée servitude prédiale ou service foncier, supposait donc *a priori* l'existence de deux fonds : un fonds dominant, créancier de la servitude, d'un côté, et un fonds servant, débiteur de la servitude, de l'autre. Or, si le terrain de la villa Borghèse était de toute évidence susceptible de constituer le fonds servant – débiteur d'un service de laisser passer les citadins en son sein – le fonds dominant demeurait, lui, délicat à trouver.

Aussi la défense de Rome expliqua-t-elle que l'on se trouvait en présence d'une autre espèce de droit, d'un droit d'usage civique, ou bien encore, d'une servitude d'utilité publique, qui ne se laissait pas enfermer dans les bornes étroites du Code civil, et échappait aux conditions de celui-ci.

Il y avait pourtant un moyen de concevoir l'existence d'une servitude réelle, et de trouver deux fonds de terre engagés l'un envers l'autre. Lequel ? Considérer que la cité romaine elle-même ou, plus exactement, son terrain ou territoire constituait le fonds dominant, créancier du domaine Pinciana. Que la Ville puisse détenir une servitude de passage en la villa, c'était là une solution qui apparaissait en filigrane des conclusions des avocats, mais pour être sitôt rejetée, mise de côté. Dans leurs conclusions devant le préteur, les avocats du prince avaient, en effet, relevé que la commune ne prétendait pas détenir une servitude réelle sur la villa. Car il aurait fallu considérer « cette *urbem quam discount* Roma » comme un immense fonds de terre dominant la villa Pinciana, et celle-ci comme son fonds servant. Or, une telle hypothèse était, selon eux, parfaitement « ridicule ».

De fait, dans son discours devant le tribunal civil de Rome, l'avocat de la Ville Mancini n'ignora pas cette solution : il déclara que l'entière *Urbs*, soit l'ensemble des sites et des édifices de la commune, où habitaient et se rassemblaient les gens susceptibles de traverser la villa, pouvait être qualifiée de fonds dominant. Mais plutôt que d'approfondir ce point, il envisageait aussitôt après la solution des droits d'usage publics. Ainsi, de même que les avocats de Rome ne suivirent pas la voie ouverte par leurs confrères sur la pluralité des villas invitant la population à entrer, ils n'insistèrent pas sur cette possibilité, également évoquée par la défense du prince, que la villa et la Ville puissent constituer les fonds respectivement dominé et dominant.

Seulement, cette solution du service foncier rendu par la villa à la Ville réapparaissait subrepticement en plusieurs endroits de leurs conclusions : tantôt il était question des droits de la Cité ou, plus précisément, du droit de passage irrévocable de la Cité, tantôt il était affirmé que la Cité, la commune, le bourg tout entier bénéficiait d'une servitude perpétuelle en une chose destinée à sa commodité. Dans son compte-rendu des précédents judiciaires à même de conforter la position de Rome, Mancini présentait la galerie Zambeccari de Bologne ou bien encore celle de Brignole[331] comme des choses grevées d'une servitude au profit de chacune des deux villes. Les galeries étaient dites destinées à leurs cités respectives.

Souvent, on glissait de cette proposition selon laquelle le droit de se promener appartenait à l'ensemble des habitants d'un territoire, à cette idée selon laquelle ledit droit appartenait au lieu lui-même. En d'autres termes, on passait insensiblement de l'universalité des habitants de la ville à la ville même. L'ellipse permettait de ramener la généralité des personnes physiques des habitants de Rome au fonds de terre de la Cité et d'avancer que l'on était en présence, non d'une servitude personnelle, nécessairement temporaire, mais d'une servitude réelle, soit d'un droit éternel. Il s'agissait, pouvait-on lire, d'une servitude perpétuelle, parce que constituée en faveur d'une Cité : la servitude n'était pas personnelle, mais réelle parce que destinée à durer autant que la chose de la Ville.

Il n'est d'ailleurs pas certain que les juges et, en particulier, la Cour de cassation de Rome aient entièrement écarté la qualification de servitude réelle : discutant du voisinage ou de la contiguïté des fonds de terre, la haute juridiction notait que l'on ne pouvait affirmer que cette condition n'était pas remplie dans l'hypothèse d'une servitude d'usage public sur un fonds privé. Car, en cette hypothèse, il était clair que le droit d'user du fonds n'était pas accordé *intuitu personae*, propre à la personne de l'habitant, mais dépendait uniquement du fait d'habiter la commune, de sorte qu'il portait sur la commune même.

C'était dire, me semble-t-il, que le *ius deambulandi* pouvait s'analyser en un droit de la Ville de Rome dans la villa Borghèse, c'est-à-dire en un droit d'un lieu (ou d'une chose située) au sein d'un autre lieu (ou d'une autre chose située), et adopter une perspective que Paolo Grossi aurait qualifiée de « réicentriste », et que nous pourrions appeler animiste[332], dès lors que seraient reconnues l'obligation et la capacité d'un fonds de terre de rendre service et de s'animer pour satisfaire un autre fonds de terre.

En ce sens, ajoutons que, dans sa décision, la Cour de cassation observait que la promenade du peuple romain dans la villa était venue comme ajouter un droit à celui du prince-propriétaire. Parce que ce droit d'usage était public, il devait être perpétuel, tel le peuple romain qui se renouvelle et ne s'éteint pas avec la perte de ceux qui le composent. Dès lors, la faculté de déambuler sur le fonds d'autrui ou *facultas deambulandi in alieno fundo* pouvait faire l'objet d'un *ius in re*, et le droit de déambuler constituer un droit réel.

Reste que ce n'est pas là ce qui est généralement retenu de l'arrêt Borghèse : dans son ouvrage sur le droit d'accès à la nature, Filippo Valguarnera présente la décision du 15 mars 1887 comme excluant la nature civile du droit d'usage pour affirmer son caractère de droit public, soit comme permettant de déroger aux dispositions du Code civil relatives aux servitudes[333]. En d'autres termes, son sens serait de soustraire les droits d'usage aux conditions mises, dans le Code Napoléon, à l'établissement des servitudes, en particulier celles relatives à l'existence d'un fonds dominant contigu au fonds servant et à l'impossibilité d'acquérir des servitudes discontinues non apparentes, tel un droit de passage, par une longue possession dans le temps[334].

Exposant la jurisprudence italienne sur les biens communs et destinés à l'usage public, Andrea Di Porto livre la même analyse de l'arrêt Borghèse[335] : avec la mise à l'écart du droit des servitudes réelles, la question ne se posait plus de savoir si les droits d'usage appartenaient à un fonds de terre. Il ne restait plus qu'à se demander si ces droits pouvaient être activés ou défendus en justice par la population, et par chacun des individus qui la constituait, ou par la seule commune qui la représentait.

Dans le prolongement de l'arrêt Rome contre Borghèse, la haute juridiction –devenue la Cour de cassation du royaume– rendait, le 5 juin 1934, une décision qui reprenait cette question à l'époque posée par l'un des avocats de Rome, Lorenzo Meucci, mais dans un traité de droit administratif : « Qui est le véritable sujet de la propriété publique ? Est-ce l'État ? S'agit-il du peuple ou de la collectivité ? Ou sont-ce les individus[336] ? »

Reconnaissant l'existence de droits d'usage collectifs, non plus sur des biens privés, comme dans l'affaire Rome contre Borghèse, mais sur des biens publics, domaniaux, la Cour reconnaissait que des droits pouvaient être possédés, exercés et défendus par des usagers formant un collectif ou une communauté, et non seulement par une personne morale de droit public. Simplement, l'interrogation ne portait plus sur l'appartenance possible des droits à une chose située, soit à un lieu, un territoire, une cité, ville ou *urbs*.

*

Mais si le cas Rome contre Borghèse se présente ainsi, à nous, aujourd'hui – tel le chant du cygne du droit des choses-cités –, c'est aussi parce que l'État italien acquit la villa Borghèse peu après. En 1901, l'État devint propriétaire du parc, du palais édifié au Vasanzio – l'actuelle galerie Borghèse – ainsi que des objets et monuments d'art qu'il comprenait. Puis, en 1903, l'ensemble fut cédé à la commune de Rome pour être ouvert au public. Dans la mesure où la villa devint un bien de la municipalité romaine, la décision rendue par la Cour de cassation de Rome paraît annoncer la mainmise d'une personne morale de droit public – la collectivité territoriale de la commune de Rome – sur un droit qui appartenait jusqu'alors, ou bien aux Romains (c'est-à-dire aux habitants de la cité), ou bien à Rome (en tant que territoire, lieu ou *urbs*).

Que la dernière des solutions – celle que les historiens nomment la théorie de Moïse de Ravenne – soit oubliée peut être regretté. Car cette image que fournit l'affaire Rome contre Borghèse d'une multitude de villas ouvertes à tous, et qui traduirait possiblement les droits de la Cité romaine à être accueillie au sein de fonds privés, pourrait aider à la dévolution de droits aux choses de la nature. De fait, si une demeure, une villa peut être regardée comme un lieu dans lequel son hôte ou dénommé propriétaire se doit d'accueillir un autre lieu : une Ville, une Cité – qui dépend d'elle et dont elle participe –, alors nous pouvons envisager les fonds de terre comme des entités animées, réciproquement bénéficiaires et débitrices de services ; alors nous pouvons concevoir que des jardins, des forêts, des montagnes, des marais, des littoraux ou des lacs revendiquent le respect de leurs droits. Et de droits que l'on pourrait qualifier de naturels, non pas au sens où ils découleraient d'un ordre des choses ou de la nature qu'il s'agirait de décrypter pour le retranscrire dans le langage du droit, mais au sens des milieux naturels dont ils dériveraient et qu'un « nouvel ordre écologique[337] » – établi par le dénommé droit de l'environnement – imposerait désormais de préserver.

En toute hypothèse, l'affaire Ville de Rome contre villa Borghèse atteste que la propriété foncière n'a pas toujours été comprise comme le droit pour un maître et seigneur de se retrancher seul dans sa forteresse. Longtemps, à Rome, des propriétaires fonciers ont pu exercer leur droit en invitant les passants à jouir des délices de leurs jardins. Et si le législateur français rappelait aux grands propriétaires d'aujourd'hui avec quel orgueil ces princes italiens ouvraient jadis leurs domaines à tout venant ? Ne serait-ce un moyen de leur faire accepter la transposition du droit scandinave d'accès à la nature[338] ?

Chapitre 5
L'observatoire du GR2013 : déambuler autour de la mer de Berre et du massif de l'Étoile

Les paysages de la mer de Berre et du massif de l'Étoile sont des portions du territoire[339] de la métropole d'Aix-Marseille-Provence dont la spécificité découle d'aménagements urbains, touristiques et agricoles, de constructions, travaux et activités industrielles d'une importance et d'une intensité telles que, depuis l'observatoire photographique du paysage (OPP) installé par Geoffroy Mathieu et Bertrand Stofleth, nous les découvrons abîmés, dégradés, endommagés ou « usagés[340] ».

Les amateurs de paysages pourraient alors penser agir en réparation des préjudices causés aux terres et à l'image de ces dernières, serait-ce par leurs propriétaires, en se fondant sur l'article 1246 du Code civil[341]. En tant qu'admirateurs de ces tableaux vivants extérieurs appartenant au « patrimoine commun de la nation[342] », ils pourraient avoir qualité et intérêt à agir en réparation des multiples pollutions (boues rouges, déchets ultimes) et autres mésusages ou abus constatés (amas de détritus, terres artificialisées). Puisque l'article 1248 du Code de l'environnement ne fournit qu'une liste indicative, non exhaustive, des personnes habilitées à agir en réparation du préjudice écologique, les observateurs de paysages dévastés, saccagés ou outrageusement bétonnés pourraient porter la voix des éléments terrestres blessés ou décimés.

Sauf à jouir du spectacle d'une nature souillée et profanée, et qui serait par là même sublimée[343], leur action en réparation pourrait être reçue avec d'autant plus de facilité que ceux qui contemplent les paysages sont souvent, aussi, des promeneurs. Dans la mesure, en effet, où les photographies exposées ont été prises depuis des belvédères ou des escales d'un chemin labellisé de grande randonnée –le GR2013–, et où l'article L. 361-1 du Code de l'environnement dispose que la « circulation » « s'effectue librement » sur les voies ainsi inscrites « au plan départemental des itinéraires de promenade et de randonnée », nous pourrions défendre l'existence d'un droit d'accès des promeneurs et randonneurs à la nature, qui garantisse la qualité et l'intérêt à agir de ceux-ci au nom et en défense de celle-là. Dès lors, en effet, que le droit des chemins de randonnée participe d'un titre intitulé « Accès à la nature », dont les dispositions visent au respect des espaces protégés (article L. 360-1 I du Code de l'environnement) et au maintien de l'intégrité des itinéraires classés (article L. 361-1 al. 3 du même Code), les juges pourraient y découvrir un droit de parcourir la nature emportant un droit d'agir pour la préservation d'icelle.

Esquissant le sentier GR2013, désormais homologué par la Fédération française de randonnée, des lignes blanches appliquées, apposées sur les photographies de l'observatoire du paysage, indiquent le parcours. Ce sont, plus précisément, des segments de droites qui suggèrent des directions à suivre et qui, selon les cas, reprennent le tracé de routes affectées aux véhicules terrestres à moteur, suivent le dessin de sentiers destinés aux marcheurs, ou semblent s'engager dans des zones végétales plus denses. Mais pourquoi signaler les voies de cet itinéraire composite au moyen d'une droite ? Une courbe n'aurait-elle pas été plus adéquate, qui aurait signifié le libre cheminement du randonneur par opposition à la circulation réglée des automobilistes, contraints d'utiliser ces installations fixes formant, avec les voies ferroviaires et navigables, le réseau d'infrastructures linéaires de transport ? Sans doute, la droite a-t-elle été préférée à la sinusoïde pour sa simplicité graphique, et la couleur blanche pour sa visibilité. Mais la figure pourrait receler, en plus, une signification, et la portion de droite symboliser le chemin permettant de joindre –au plus court– deux cairns imaginaires, placés à chacun des bouts du segment.

Comme sur un pierrier de haute ou de moyenne montagne, nous évoluerions en allant d'un tumulus à l'autre, et la ligne blanche serait la trace mentale, abstraite de cette jonction de monticules. Ainsi la ligne blanche serait un analogue de la pancarte enfoncée ou du drapeau planté : un nouveau *ready-made* juridico-artistique[344], qui serait comme le hiéroglyphe ou le pictogramme de deux cairns participant d'un même chemin. À l'inverse de la bannière nationale ou du panneau indiquant « propriété privée », la droite coupée ne signifierait pas une borne ou une frontière à ne pas franchir ou dépasser, mais une double flèche à suivre librement, dans un sens comme dans l'autre. Sur le terrain juridique, le segment ne renverrait pas au droit de se clore du propriétaire foncier (article 647 du Code civil), mais aux courtes bandes de couleurs jaune et rouge des chemins de « grande randonnée de pays » (GRP), tel le GR2013. Et plutôt que Terminus, la divinité romaine des limites et des bornes propriétaires, la strie blanche évoquerait son homologue grec : Hermès, le dieu des voyageurs. Mieux, elle serait comme le dessin stylisé de son caducée.

Apposée le long des routes goudronnées sur les photographies, la baguette blanche ainsi pointée pourrait signaler un changement de destination du bitume coulé : se riant de l'hybris humaine et de cette conviction que les inventions technologiques pourront, à elles seules, fournir un remède utile pour lutter contre le changement climatique, l'extinction massive des espèces et la pollution des milieux, la déité aux pieds ailés nous inviterait discrètement à sortir de l'ère industrielle et, en particulier, à réaffecter à la mobilité douce les voies asphaltées qu'emprunte parfois le GR2013.

Déambulations humaines

De fait, les images ici produites découvrent des chemins davantage parcourus à pied qu'en voiture. Ainsi ces hommes et ces femmes de différents âges qui marchent, s'apprêtent à courir ou sauter sur une grand-route. En laissant défiler les images, on se plaît à penser qu'il ne serait peut-être pas si coûteux d'attenter à la polluante liberté de circuler des personnes humaines et des marchandises sur ces grands axes routiers et de limiter, voire d'interdire l'utilisation de voitures pour recouvrer la possibilité de se déplacer aisément à pied, à cheval ou à vélo, sans plus laisser d'empreintes terrestres ou presque.

Du reste, plusieurs photographies rappellent l'existence des droits piétonniers. Dans la mesure où la servitude de halage, également dite de marchepied[345], a été étendue à l'usage des pêcheurs en 1965, puis aux piétons en 2006, et où la loi Littoral de 1986 a ajouté une servitude transversale à la servitude longitudinale des « sentiers du douanier » afin de relier les voies publiques au rivage de la mer ou aux chemins permettant d'accéder à celle-ci, la possibilité de longer les eaux et les cours d'eau apparaît légalement garantie. Ainsi, les servitudes de piétons sur le littoral grèvent les rivages de la Méditerranée comme ceux du lac salé de Berre, appartenant au domaine public maritime et de la lagune d'eau saumâtre de Bolmon, soumise à la loi Littoral. S'agissant, toutefois, des rives des étangs de l'Olivier et de Citis, leur libre accès paraît seulement consenti par la commune d'Istres et le Conservatoire du littoral, leurs propriétaires respectifs et personnes morales de droit public. Quant aux servitudes de marchepied, il n'en existerait pas le long de la Touloubre et de l'Arc – sauf aux embouchures de la mer de Berre –, car ces rivières ne sont pas domaniales.

Si nous ne sommes pas si bien garantis de pouvoir longer les cours d'eau, marcher à travers champs semble encore plus difficile, les propriétaires fonciers continuant d'exercer leur droit de se clôturer. Mais peut-être les juges accepteraient-ils d'étendre la servitude légale de passage pour cause d'enclave aux promeneurs toutes les fois qu'un empêchement de passer sur un fonds de terre contraindrait les gens à faire de longs détours, attentant à leur liberté d'aller et venir à pied, et les décourageant de se déplacer sans polluer ? Sur le fondement des articles 2 et 4 de la Déclaration des droits de l'homme de 1789[346], des articles 682 et 649 du Code civil, pour « l'utilité publique, communale et des particuliers », et aux fins de permettre l'épanouissement des êtres humains, d'assurer la cohésion des territoires et de lutter contre le changement climatique[347], une servitude légale de passage pour cause d'enclave des marcheurs pourrait être reconnue et la jurisprudence Le Pecq contre Bézuchet de 1809 renversée.

Outre cette hypothèse des déviations imposées par les fonds clôturés, mais sur les mêmes fondements, le droit de passer pourrait être opposé aux propriétaires toutes les fois que les marcheurs souhaiteraient exercer ces droits d'usage collectifs traditionnels que sont, par exemple, le droit d'affouage –évoqué par des tas de bois de feu ou de construction–, le droit de pêche –illustré par la présence de filets, cannes et seaux–, ou bien encore les droits de cueillette, de glanage ou de pâturage. Pour atteindre l'objectif ministériel de la transition écologique[348] et, partant, pour « l'utilité publique », comme pour le bien « des particuliers », des servitudes légales de passage aux fins de subsister ou de se sustenter sobrement pourraient être admises par le pouvoir prétorien[349].

Encore faudrait-il poursuivre le combat pour la défense des chemins ruraux (lesquels participent, avec d'autres voies, du GR2013) : en dépit de la proposition parlementaire de les déclarer imprescriptibles, ces voies demeurent exposées à l'usucapion[350], soit à la prescription acquisitive prévue à l'article 2272 du Code civil[351]. Depuis une loi du 21 février 2022[352], l'article L. 161-6-1 du Code rural dispose, certes, que la décision du conseil municipal de recenser les chemins ruraux situés sur le territoire de sa commune suspend le délai de prescription pour l'acquisition des parcelles en comportant. Mais il s'agit d'une trêve pour un maximum de deux ans, et les chemins ruraux demeurent, de toutes les façons, vulnérables, dès lors qu'ils sont maintenus hors du domaine public[353]. Du reste, sous l'empire de la loi nouvelle, les conseils municipaux continueraient de rencontrer des difficultés pour réhabiliter et récupérer des chemins ruraux, soit que les sentiers aient été « accaparés par les riverains », soit que les usagers les aient « délaissés » et qu'ils se trouvent « envahis par la végétation[354] ».

Déambulations végétales

La disparition d'un chemin sous la végétation, c'est précisément ce que montrent certaines des photographies choisies. Mieux, sur la quarantaine de postes d'observation sélectionnés, plus de la moitié d'entre eux témoigne d'une revégétalisation des lieux : ici, des graminées courent le long des rives ; là, elles s'épandent au bord des routes. Ailleurs, les herbes s'élancent au milieu des déchets ou s'exhibent sur les trottoirs. Tantôt les végétaux occupent des zones manifestement abandonnées, tantôt ils remplacent la nature domestique de prairies ou de champs cultivés. Parfois, la fermeture des paysages accompagne une manière d'enclosure des terres, matérialisée par la pause de grillages ou l'extension de barrières. Parfois, une palissade ou un rideau végétal vient comme tomber ou s'élever sur la scène photographiée. Quand elle ne dissimule ou ne se substitue à des bâtiments, la flore masque un parking, la vue sur une rive, des vignes, ou les sols d'un site, peut-être pollué. En d'autres occasions, la fougue herbeuse révèle, à l'inverse et par contraste, l'existence d'un sentier. Dans certains cas, on assiste à une franche croissance des arbres ou à la renaissance du couvert végétal sur des terres brûlées. Dans d'autres, la régénération paraît plus incertaine et on hésite entre résilience végétale après destruction ou simple passage des saisons. Mais il est, selon nous, une constante : quelles que soient leurs différences, chacun de ces clichés montre combien les arbres, les plantes et les herbes enrichissent les espaces périurbains.

Nonobstant les bienfaits de la biodiversité en milieux urbains, la question peut donc se poser de la protection juridique des avancées végétales spontanées : à l'âge des bouleversements écologiques (soit du changement climatique, de l'érosion de diversité biologique et des pollutions multiples), doit-on toujours admettre que les propriétaires fonciers puissent librement disposer et, donc, anéantir matériellement[355] ces fruits naturels[356] ayant poussé spontanément sur leur terre, et qu'ils auront d'emblée acquis par le jeu de l'accession[357] ? L'embellissement des paysages qui résulterait de la protection des végétaux ne serait-il un argument supplémentaire en faveur d'un changement de règle ? Le cas échéant, nous pourrions poser cet interdit : sauf exceptions motivées par d'autres impératifs d'ordre écologique – par exemple la lutte contre les incendies, le maintien des sentiers ruraux, ou une agriculture, une sylviculture, un jardinage respectueux « de la nature, de la biodiversité et des paysages[358] »–, il est prohibé d'attenter à la végétation spontanée. Ce serait encore pour atteindre l'objectif « zéro artificialisation nette », posé par la loi Climat et résilience du 22 août 2021[359], et augmenter les surfaces de sols renaturalisés, qu'il serait, par principe, proscrit d'attenter aux terres naturellement revégétalisées.

Pour l'heure, les végétaux sauvages poussant hors des milieux naturels protégés paraissent peu ou mal défendus : qui voudrait agir sur le fondement susmentionné de la réparation du préjudice écologique serait *a priori* mal inspiré. Car l'article 1247 du Code civil pose la condition d'une « atteinte non négligeable ». Or s'agissant de l'arrachage de « mauvaises herbes », il est à craindre que cet acte ne soit pas même regardé comme un dommage environnemental. Sans doute, le juge réviserait-il son jugement en présence de fleurs, par exemple, appartenant à une espèce sauvage protégée[360]. Ainsi, l'ancolie de Bertoloni ou le grémil à pédoncules renflés, protégés en région Provence-Alpes-Côte d'Azur. Seulement, le restant du chiendent sur la parcelle revitalisée resterait telle une « vie nue », entièrement livrée aux mains du propriétaire du fonds et, partant, susceptible d'être impunément tuée[361], sauf à ce que de tels agissements n'attentent simultanément auxdites fleurs.

Il est vrai que la découverte d'individus appartenant à des espèces protégées autoriserait le préfet à prendre un arrêté de protection de biotope[362] et, donc, à prendre des mesures pour la conservation des habitats de celles-ci, qu'il s'agisse de landes, bosquets, marais, dunes ou pelouses – ces « formations naturelles, peu exploitées par l'homme » – ou de « bâtiments, ouvrages, mines et carrières », soit de « sites bâtis ou artificiels[363] ». Toutefois, cette protection demeurerait suspendue à l'implantation de végétaux mentionnés sur les listes d'espèces sauvages protégées et à l'action utile du représentant de l'État. Il faut, par ailleurs, préciser que les herbes, plantes ou arbrisseaux qui figureraient sur les listes d'espèces végétales exotiques envahissantes, définies au I de l'article L. 411-6, attendraient en vain une quelconque assistance du droit : au regard des « nécessités de la préservation du patrimoine biologique, des milieux naturels et des usages qui leur sont associés » et pour éviter leur « diffusion », la « garde », la « destruction » et le « refoulement[364] », par exemple, de la fougère grimpante ou de l'herbe à échasses japonaises pourraient être ordonnés si l'on venait à constater leur présence aux abords du GR2013.

Concernant les arbres poussant le long du chemin de randonnée de pays et la végétation poussant sous leur couvert, nous pourrions penser mobiliser le nouvel article L. 350-3 du Code de l'environnement : relative aux « allées d'arbres et alignements d'arbres qui bordent les voies ouvertes à la circulation publique », la disposition accorde à ces lignes végétales une « protection spécifique » au motif qu'elles participent du « patrimoine culturel » et sont « une source d'aménités », en plus de jouer un rôle dans « la préservation de la biodiversité ». Il reste que les exceptions à l'interdiction « d'abattre ou de porter atteinte à un arbre » de ces avenues sont nombreuses[365], que le décret pris pour l'application de la loi pourrait avoir encore réduit sa portée[366] et, qu'en toute hypothèse, la loi ne permet pas de protéger les arbres poussant hors de ces voies. Le Code forestier accorderait-il une protection plus générale aux arbres et à leur couvre-sol ? Las, s'il comprend un titre relatif aux défrichements imposant un régime d'autorisation, assortis de quelques exemptions, pour toute opération volontaire de destruction de l'état boisé d'un terrain, et s'il fait explicitement mention de la « végétation spontanée », c'est précisément pour excepter les travaux qui tendraient à remettre en valeur d'anciens terrains, en particulier de culture ou de pacage, « envahis[367] » par les espèces végétales « vagabondes[368] ».

À ce stade, on peut se demander si les êtres végétaux sauvages et vagabonds ou adventices, qui choisissent d'arpenter nos terres privées, ne seraient pas l'analogue et la figure inversée des animaux domestiques divagants – chiens ou chats errants –, lesquels sont susceptibles d'être capturés puis euthanasiés[369]. Dans le règne animal comme végétal, le droit positif français paraît assurer le maintien de la *summa divisio* du domestique et du sauvage : de même que les animaux domestiques ne peuvent s'émanciper de leur condition et s'ensauvager sans risquer d'être tués, les végétaux sauvages ne peuvent migrer sur les terres privatisées par les humains et, en ce sens, domestiquées ou civilisées, sans risquer d'être pareillement éradiqués. Observons que dans un cas comme dans l'autre, la division juridique ne rend pas compte de l'existence biologique des animaux liminaires et de leurs homologues végétaux, tel le coquelicot, cette plante non cultivée mais liée à la culture des céréales.

Que dire alors de l'accueil juridique des végétaux sauvages dans nos cités sinon que nous pourrions leur offrir une meilleure place ? Pour garantir le respect des avancées végétales, peut-être devrions-nous concevoir la montée des herbes comme celle des eaux. Aux articles 556 à 563 du Code civil français, se trouvent, en effet, des dispositions relatives aux transferts de propriété résultant des mouvements imperceptibles des eaux et de leurs sédiments. De ces règles relatives aux lais et relais, aux atterrissements et accroissements, aux îles et îlots susceptibles de se former insensiblement au fond ou dans les cours d'eau, peut-être faudrait-il s'inspirer[370] : en acceptant que des changements dans la configuration des lieux puissent spontanément modifier l'état du droit, on admettrait l'existence d'une servitude végétale sauvage grevant les sols au bénéfice de la nature, de la biodiversité ou des paysages. Non conventionnelle, mais légale, non temporaire, mais perpétuelle, cette servitude imposerait aux propriétaires fonciers de respecter la végétation spontanément venue sur leur fonds, sauf à justifier d'un autre intérêt écologique, d'égale teneur ou de valeur supérieure[371]. Serait ainsi généralisé le dispositif de l'obligation réelle environnementale[372] permettant aux propriétaires fonciers d'affecter leur terre –mais seulement à temps et par le biais d'une convention– à la préservation d'intérêts écologiques, en décidant, par exemple, de créer des corridors écologiques[373].

Dans cette veine volontiers utopique, on ajouterait une servitude grevant l'entièreté du territoire français afin de garantir le libre déplacement, non plus des végétaux, mais des humains et, plus précisément, des gens du voyage, jadis nommés nomades, et dont certaines des photographies de l'observatoire nous donnent à voir ou imaginer le passage. Dans cette perspective, on renouerait avec l'antique droit de pérégriner, la liberté d'établissement à l'étranger et ce sens premier du droit au voyage. Reconnu par la Déclaration universelle des droits de l'homme de 1948 à son article 13[374], le droit de quitter son pays serait enfin respecté. Et peut-être alors qu'à la lumière de la décision du Conseil constitutionnel français de 2018 reconnaissant la valeur du principe de fraternité[375], nous dessinerions les linéaments d'un droit cosmopolite de la nature, qui serait relié ou rattaché au principe de solidarité écologique[376].

Chapitre 6
Imbroglio légal : pour un droit commun d'accès à la nature

La liberté de circulation de la faune sauvage contre celle des êtres humains ?

Le 2 février 2023, le Parlement français a voté une loi visant à limiter l'engrillagement des espaces naturels et à protéger la propriété privée. Un nouvel article a ainsi été créé et inséré dans le Code de l'environnement, qui dispose : « Les clôtures implantées dans les zones naturelles ou forestières délimitées par le règlement du plan local d'urbanisme [...] ou, à défaut d'un tel règlement, dans les espaces naturels permettent en tout temps la libre circulation des animaux sauvages[377] ».

Cet article L. 372-1 précise que ces clôtures sont « posées 30 centimètres au-dessus de la surface du sol, leur hauteur est limitée à 1,20 mètre », elles sont en « matériaux naturels ou traditionnels », et ne peuvent ni « être vulnérantes ni constituer des pièges pour la faune ». La nouvelle disposition prévoit encore que, sauf à avoir été « réalisées plus de trente ans avant la publication » de la loi du 2 février 2023, les barrières déjà « existantes sont mises en conformité avant le 1er janvier 2027 ». Suit une liste de clôtures qui ne sont néanmoins pas concernées par la disposition, comme celles qui revêtent un caractère historique[378].

Pourquoi cette réforme ? Pour l'expliquer, il faut, d'une part, rappeler l'article 647 du Code civil, qui reconnaît à tout propriétaire la possibilité de « clore son héritage », c'est-à-dire son fonds de terre, sauf l'exception portée en l'article 682, instituant une servitude légale de passage pour cause d'enclave ; d'autre part, il faut mentionner ce phénomène, observé en Sologne, d'installations de très hauts grillages le long de grands domaines privés, empêchant l'intrusion de promeneurs, mais aussi la libre circulation de la faune sauvage. En certains cas, ces barrières permettent la pratique du *ball-trap,* un mode de chasse critiqué sur le plan éthique, car ne laissant aucune échappatoire au gibier. Toujours est-il que c'est pour mettre fin à cette situation, et à ces quatre mille kilomètres de grillages qui parcourent la plus grande zone Natura 2000 de France, que des sénateurs ont proposé d'interdire ces grillages pour l'avenir, mais aussi de manière rétroactive[379] aux motifs, notamment, que ceux-ci attentent à la libre circulation de la faune nécessaire au brassage génétique, que la concentration d'animaux ainsi cloîtrés représente un risque sanitaire, qu'en cas d'incendie les pompiers ne peuvent accéder aux parcelles concernées, et que le tourisme rural ne se trouve pas encouragé tant il est peu agréable de marcher le long de barricades[380].

Il reste que la loi du 2 février 2023 ne vise pas seulement à protéger les paysages en luttant contre la fermeture des héritages ; comme son intitulé l'indique, la loi vise aussi à protéger la propriété privée. Comment ? Par la pénalisation de l'entrée en toute connaissance de cause dans la propriété privée rurale ou forestière d'autrui. Avec la loi visant à limiter l'engrillagement des espaces naturels, il est, en effet, ajouté un article 226-4-3 du Code pénal, qui dispose que « [...] dans le cas où le caractère privé du lieu est matérialisé physiquement, pénétrer sans autorisation dans la propriété privée rurale ou forestière d'autrui, sauf les cas où la loi le permet, constitue une contravention de la 4e classe ».

On peut se demander pourquoi le législateur a pensé devoir comme choisir entre la libre circulation des animaux et celle des humains, d'autant que, dans le rapport de 2019 dressant un état des lieux de la Sologne, les promeneurs apparaissent tels des acteurs susceptibles de bénéficier d'une mesure d'interdiction de grillages élevés[381]. Les travaux parlementaires attestent, aussi, que certains élus entendaient pareillement répondre au « désarroi des promeneurs devant le linéaire de chemins bordés de hautes clôtures[382] ». Seulement, le choix d'implanter des barrières a également pu être interprété comme une réponse « au non-respect de la propriété privée » par « certains néoruraux », lesquels ne comprendraient pas « qu'un espace forestier » puisse « être une propriété privée » et « qu'il n'existe pas de droit à s'y promener hors des chemins ruraux[383] ». C'est ainsi que pour l'un des sénateurs, la création de l'infraction pénale vise à rappeler « que le droit de propriété a valeur constitutionnelle[384] ». La disposition réalise ainsi une manière de compromis avec les propriétaires fonciers, dont le droit de se clore se trouve, certes, limité, mais contre une meilleure protection des intrusions humaines.

Vers une nouvelle enclosure des espaces ruraux et forestiers privés ?

D'un point de vue conceptuel, le choix du législateur n'en paraît pas moins étonnant : lors des discussions parlementaires, certains élus ont expliqué les conflits entre propriétaires fonciers et promeneurs, et la pose subséquente de clôtures, par « la dislocation des relations sociales traditionnelles », la « perte de savoir vivre ensemble », l'oubli des « usages » et des « services rendus » qui permettaient « autrefois » « d'organiser le passage et le glanage dans le respect des propriétés[385] ». Or, au lieu de restaurer ces droits d'usage locaux, et en particulier, ces droits de passage, dans l'esprit de l'ancien système des propriétés simultanées[386], manifestement regretté, nos représentants ont choisi de pénaliser l'accès aux espaces naturels privés, de renforcer le droit de se clôturer à l'égard des humains et, partant, de réaffirmer la conception occidentale moderne, dite absolue, de la propriété.

Mais nos élus ont-ils bien compris ce qu'ils faisaient ? Ne s'agirait-il pas, au fond, d'un impair ? Il est permis de le penser. Car si certains députés ont obtenu que la contravention instituée ne soit pas de la 5e classe et qu'il existe des signes apparents d'enclosure pour que les infracteurs puissent être sanctionnés, seuls les écologistes avaient anticipé – d'où leur abstention[387] – que des espaces naturels privés traditionnellement ouverts aux promeneurs allaient conséquemment fermer[388]. Or, c'est bien là ce qui est arrivé : en octobre 2023, au sein de la réserve naturelle des Hauts de Chartreuse, un propriétaire privé a interdit l'entrée dans ses 750 hectares d'espaces naturels. Après s'être offusqué du passage de « hordes déferlantes de curieux irrespectueux sans foi ni loi », le marquis de Quinsonas-Oudinot a fait installer des panneaux indiquant « Propriété privée – Défense d'entrer », dissuadé les randonneurs et grimpeurs de s'aventurer plus loin dans la forêt, et organisé des chasses privées. Le cas ne paraît pas isolé : en novembre 2023, à Villeneuve-Loubet, dans les Alpes-Maritimes, un autre noble, le marquis de Panisse-Passis, a fermé 1 100 hectares. En janvier 2024, dans le Haut-Rhin, un groupement forestier a acheté 64 hectares dans la vallée de la Doller avant de détruire les sentiers balisés par le Club vosgien[389]. Puis, sur la montagne de Lure[390], dans les Alpes de Haute-Provence, plusieurs militants écologistes ont été convoqués après avoir occupé un terrain privé en cours de déboisement pour la construction d'une centrale photovoltaïque[391].

Pour conjurer cette nouvelle forme d'enclosure – et de possible répression des Soulèvements de la Terre –, deux députés ont déposé, le 7 novembre 2023, une proposition de « loi pour dépénaliser l'accès à la nature » et abroger le nouvel article 226-4-3 du Code pénal. À terme, ils souhaitent faire adopter une loi qui reconnaisse un droit d'accès à la nature comme il en existe en Suisse, en République tchèque, en Islande, en Autriche, en Écosse, en Estonie, en Biélorussie, et dans les pays scandinaves. Dans ces derniers, existe, en effet, un « droit de tous à profiter de la nature », appelé *allemansrätten* en Suède, *jokamiehenoikeus* en Finlande et *allemannsretten* en Norvège. Inscrit dans la loi et même dans la Constitution suédoise depuis 1994, ce droit serait issu de coutumes ancestrales[392] ; il « permet à n'importe quel citoyen et à tout visiteur étranger de se déplacer librement dans les espaces naturels, seraient-ils privés, la coutume voulant que « chacun soit libre de circuler à pied, à cheval, à ski, à vélo, ou en bateau », mais aussi « de cueillir des baies, des fleurs ou des champignons » et même, en certains cas, de camper pour une nuit et faire du feu. Bien sûr, ce droit ne peut s'exercer qu'à certaines conditions : le passager doit demeurer à une certaine distance des habitations et demeurer hors de leur « champ de vision » comme « hors de portée auditive ». Il ne doit pas laisser de déchets, ni nuire aux animaux. Enfin, ce droit comporte de manière générale un devoir « de prendre soin » de la « nature ».

Quoique limité, et n'emportant pas abrogation de la propriété privée, cet Everyman's Right ou Right to Roam ne saurait être aisément reconnu en droit français. Nonobstant les différences d'ordre géographique, soit la rareté des espaces naturels non anthropisés ou faiblement habités en France, c'est surtout le culte rendu à la propriété privée, comprise comme un droit d'exclure et repousser autrui, qui pourrait rendre délicats son transfert, sa transposition ou son transplant sur notre territoire. Car loin d'être prêts à discuter de l'adoption d'un tel droit de parcourir ou d'arpenter les terres, nos députés ont rejeté la proposition d'abroger l'article 226-4-3 du Code pénal. Le 27 mars 2024, la commission des lois de l'Assemblée nationale a également rejeté les amendements visant à atténuer la sévérité de la nouvelle disposition pénale plutôt qu'à la supprimer[393].

Le groupe démocrate avait en effet proposé de modifier ledit article de la manière suivante : sans préjudice de l'application de l'article 2264, relatif à l'intrusion dans le domicile d'autrui[394], pénétrer sans autorisation dans la propriété privée rurale ou forestière d'autrui, dans le cas où le caractère privé du lieu est matérialisé physiquement, constitue une contravention de la 4e classe, « sauf les cas où la loi le permet et sauf le cas des sentiers de randonnée entretenus et balisés par une association reconnue d'utilité publique ». De son côté, le groupe LFI-Nupes avait proposé d'ajouter un article L. 361-4 au Code de l'environnement, ainsi rédigé : « Les voies et chemins balisés par un établissement public, une collectivité territoriale ou une fédération de randonneurs agréée préexistant à la date de promulgation de la présente loi et traversant une propriété privée sont grevés sur une bande de trois mètres de largeur d'une servitude destinée à assurer exclusivement le passage des véhicules non motorisés, des piétons et des cavaliers. » Dans la lignée de nos actuelles servitudes de passage sur le littoral ou de marchepied le long des voies navigables[395], il était proposé de créer des servitudes de passage à pied, à vélo ou à cheval sur les voies et chemins balisés traversant des propriétés privées. Serait bien sûr restée entière la question du droit de passer à travers champs ou sous le couvert forestier, mais les voies et chemins déjà balisés auraient été protégés d'une possible volonté ultérieure des propriétaires concernés de ne plus les tolérer et, partant, de les fermer.

Quoi qu'il en soit, ces propositions n'ont pas convaincu. Ainsi le risque perdure que « sur les chemins chers à la liberté », de multiples panneaux se dressent « pour marquer "pas de route ci-devant"[396] ». Ce risque est d'autant plus grand dans les espaces forestiers que 75 % d'entre eux sont des terrains privés[397].

Dès lors, la question se pose de savoir comment consacrer le droit d'arpenter les espaces naturels à droit constant, c'est-à-dire en l'état du droit en vigueur, sans rien espérer du côté du législateur, indéfectiblement attaché à une conception absolutiste et exclusiviste, historiquement datée, de la propriété. L'idée est donc de rechercher, dans notre droit positif – c'est-à-dire dans nos lois, nos chartes, nos décisions de justice –, les fondements d'un tel droit de parcourir les terres, seraient-elles privées.

Des moyens de reconnaître un droit de parcourir les terres sans modification législative

Reconnaître une servitude de passage à la communauté des voyageurs

Une première possibilité serait d'admettre l'existence d'une servitude légale de passage pour cause d'enclave au bénéfice de la généralité des promeneurs, à défaut contraints de faire de longs détours. Dans la mesure, en effet, où l'article 649 du Code civil dispose que « les servitudes établies par la loi ont pour objet l'utilité publique ou communale, ou l'utilité des particuliers », et où l'article 682 du même Code prévoit que « le propriétaire dont les fonds sont enclavés et qui n'a sur la voie publique [...] qu'une issue insuffisante [...] est fondé à réclamer sur les fonds de ses voisins un passage suffisant », un avocat pourrait avancer que les habitants d'une commune et, plus généralement, la communauté diffuse des marcheurs[398] (voire, selon les cas, des cyclistes ou des cavaliers) bénéficient d'une servitude légale de passer sur les fonds privés lorsqu'ils ne disposent pas, sinon, d'une desserte suffisante sur les territoires, et se trouvent alors enclavés, puis entravés dans leur liberté de parcourir et traverser ces derniers.

Une telle lecture du Code civil pourra paraître trop audacieuse. Mais notre droit civil n'est-il pas constellé de créations jurisprudentielles analogues ? Pensons à la théorie des troubles anormaux du voisinage, à celle de l'abus de droit – sur laquelle nous allons revenir –, ou à la jurisprudence relative à la réparation du préjudice écologique, qui précéda sa reconnaissance à l'article 1246 du Code civil[399]. Quant à la combinaison d'articles proposée et au jeu des articles 649 et 682 du Code civil, ils renvoient à l'argumentation de la défense des habitants d'une commune devant la Cour de cassation peu après la Révolution et l'adoption du Code Napoléon : dans l'arrêt, Le Pecq contre Bézuchet, comme dans l'affaire Rome contre Borghèse, un propriétaire privé avait décidé de fermer son domaine jusqu'alors ouvert à autrui[400].

Pour asseoir cette servitude légale de passage et l'étendre aux randonneurs, grimpeurs ou skieurs dans les espaces ruraux ou forestiers même privés, nous pourrions encore raisonner par analogie avec les chemins de douaniers et les servitudes dites de halage ou de marchepied, et défendre l'existence d'un droit de passer non seulement le long du littoral ou des voies d'eaux douces, domaniales ou navigables, mais aussi au sein de grands domaines, y compris hors sentiers. Bien sûr, il conviendrait de préciser les contours de ce droit : à partir de combien d'acres ou hectares un fonds pourrait-il être qualifié de vaste, et sous quelles conditions ? Quelles terres pourraient être parcourues à bicyclette, à cheval, ou uniquement à pied ? Outre l'étude comparée des multiples droits d'accès à la nature existant à l'étranger[401], peut-être pourrions-nous nous inspirer d'une règle dérivant du droit maritime et étendue au droit aérien : le « droit de passage inoffensif » des navires dans les eaux territoriales[402].

Transposer le droit de passage inoffensif au domaine terrestre

Dans son *Traité de droit international public*[403] publié au début du siècle dernier, Paul Fauchille recherche les fondements de ce traditionnel droit de « passage innocent des navires étrangers par la mer littorale d'un État ». Rapprochant les notions de propriété et de souveraineté qui, dans une acception classique, donneraient respectivement « le droit de disposer d'une chose à sa guise » et « le pouvoir exclusif de commander en maître sur une chose », le jurisconsulte en déduit que les systèmes de la propriété et de la souveraineté appliqués à la mer territoriale doivent « conduire à cette conséquence que l'État, propriétaire ou souverain de cette mer, peut, s'il le veut, en interdire, directement ou indirectement, même le simple passage inoffensif aux vaisseaux étrangers ». Une pareille conclusion étant « de nature à nuire singulièrement à la facilité des communications maritimes », Paul Fauchille nous apprend que les partisans de ces théories de la propriété ou souveraineté de la mer territoriale ont cherché à y apporter une atténuation : ils ont introduit, dans la conception du droit de propriété ou de souveraineté, une idée de servitude et « ont considéré la liberté de passage pour les vaisseaux étrangers comme une servitude de droit public existant à leur profit ». Aussi, n'est-ce pas, dans cette perspective, « à titre d'une pure concession du maître de la mer côtière que ces navires » peuvent « y pénétrer », mais en vertu « d'un droit leur appartenant en propre[404] ».

Repassant du droit maritime au droit civil – lequel comprend le droit des biens et, en particulier, celui des servitudes[405] –, les juges pourraient reconnaître aux marcheurs, grimpeurs, cyclistes ou cavaliers un droit de passage inoffensif sur les espaces terrestres privés, par analogie avec le droit de passage innocent des navigateurs dans les mers appartenant à un autre État que le leur. Les vastes terres, comme la mer, seraient dès lors grevées d'un droit de passer appartenant à la généralité ou universalité des voyageurs. Et il ne serait plus possible de regarder la faculté de passer sur de vastes terrains privés comme une simple tolérance, concession, ou permission temporaire et révocable de leurs propriétaires.

Quelques précisions s'imposent néanmoins : quoique favorable à la reconnaissance du « droit de passage inoffensif » sur les mers territoriales, Paul Fauchille considère que la servitude de passage ne saurait être à son fondement, dès lors que celle-ci supposerait l'enclave d'un fonds, que les navires ont toujours la possibilité de passer au large des mers étrangères, et que ce passage au loin représenterait uniquement une gêne. Nonobstant l'existence de droits de passage conventionnels sans enclave, il nous semble, au contraire, qu'un trop grand détour ou allongement d'un temps de trajet peut s'analyser en une enclave. Du reste, ce nouveau renvoi au droit des servitudes (après l'arrêt Le Pecq contre Bézuchet, l'arrêt Rome contre Borghèse, ou les servitudes du littoral et de halage) confirme que nous pourrions y trouver l'assise d'un droit d'accès à la nature à la française, qui soit pleinement compatible avec notre culture juridique, parfaitement ancré dans notre tradition civiliste.

Appliquer la théorie de l'abus de droit aux domaines fermés

Pour justifier le « droit de passage innocent » des navires, Fauchille préfère relever le caractère suranné des conceptions absolutistes des droits de propriété et de souveraineté. Il explique que « sous l'influence des notions d'interdépendance et de solidarité, des idées plus justes se sont peu à peu fait jour qui ont donné à la propriété et à la souveraineté un certain caractère relatif ». Et l'auteur de relever : « même en droit privé, la propriété a perdu sa nature absolue ». Aussi, l'exercice de ce droit peut-il être « restreint » lorsqu'il représente un « abus préjudiciable aux tiers[406] ».

Un siècle plus tard, la proposition est confirmée : le droit de propriété ne peut être exercé de manière illimitée. Outre l'article 544 du Code civil, qui précise que ce droit ne permet pas de faire un usage des choses prohibé par les lois et les règlements, les juges ont rendu maintes décisions sur les fondements prétoriens des troubles anormaux du voisinage[407] et de l'abus de droit[408]. Sur le fondement de ce dernier, un avocat pourrait, dès lors, avancer que le droit de se clore en vue d'empêcher le passage sur un fonds de terre est exercé de manière abusive lorsque la vaste étendue du domaine concerné et l'obligation qui en résulte pour les promeneurs de faire de longs détours pour atteindre leur destination, ou l'interdiction qui en résulte pour les pratiquants de sport de nature d'accéder aux espaces naturels, atteste que le propriétaire, agissant sans utilité pour lui-même, nuit à autrui.

Sans doute pourra-t-on s'interroger sur l'application de la théorie de l'abus de droit au droit de se clore en particulier. Mais c'est précisément à l'occasion de l'exercice de ce droit qu'a été rendu le célèbre arrêt de 1915 consacrant l'abus de droit. En l'espèce, le sieur Coquerel avait installé sur son terrain attenant à celui de Clément-Bayard, « des carcasses en bois de seize mètres de hauteur surmontées de tiges de fer pointues ». Le « dispositif ne présentait pour l'exploitation du terrain de Coquerel aucune utilité » ; il « n'avait été érigé que dans l'unique but de nuire » à son voisin et, plus précisément, pour crever le « ballon dirigeable » de ce dernier. Et à « la hauteur à laquelle il avait été élevé », l'agencement ne pouvait constituer cette clôture, au sens de l'art. 647 du Code civil, « que le propriétaire est autorisé à construire pour la protection de ses intérêts légitimes ».

Si Coquerel avait prétendu avoir « le droit absolu de construire sur son terrain tels ouvrages de défense ou de clôture qu'il lui plaît pour éviter toute incursion sur son terrain », la cour d'appel avait considéré « comme un abus du droit de propriété le fait par un propriétaire de construire sur son terrain une clôture élevée, destinée à empêcher le propriétaire du fonds voisin de pénétrer chez lui ou de tirer de son fonds un usage quelconque destiné à rendre sa jouissance plus commode, sous le prétexte que cette construction avait été faite uniquement dans une intention malveillante ». Rejetant le pourvoi formé contre cette décision rendue en appel, la plus haute juridiction judiciaire confirmait que dans « cette situation des faits », le juge d'appel avait pu apprécier qu'il y eût « par Coquerel abus de son droit et, d'une part, le condamner à la réparation du dommage causé à un ballon dirigeable de Clément-Bayard, d'autre part, ordonner l'enlèvement des tiges de fer surmontant les carcasses en bois ».

Sans doute, les marquis de Quinsonas-Oudinot ou de Panisse-Passis pourront-ils affirmer ne pas avoir agi avec une « intention malveillante » et « dans l'unique but de nuire » aux marcheurs, cyclistes ou grimpeurs. Cependant, la jurisprudence relative à l'abus du droit de propriété a évolué depuis cette affaire, soit que les juges déduisent la malignité du propriétaire de l'absence « d'intérêt sérieux et légitime » de l'exercice du droit ou de l'acte pour lui-même, soit que cette

« absence d'intérêt sérieux et légitime » suffise à caractériser l'abus de droit. Bien sûr, les propriétaires fonciers concernés pourront justifier la fermeture de leur domaine et l'existence d'un « intérêt », ou bien qu'ils entendent créer une réserve de chasse, ou bien qu'ils désirent réaliser un projet industriel, ou bien encore qu'ils souhaitent se prémunir contre les désagréments liés à la présence de promeneurs. Mais dans quelle mesure ces différents intérêts sont-ils « sérieux et légitimes » ? Se réserver l'exclusivité de grands espaces verts, constituer des réserves de chasse à louer, abattre des arbres pour installer des panneaux photovoltaïques, sont-ce là des modes raisonnables et opportuns d'exercice de la propriété ? La question se pose d'autant plus qu'avec l'émergence du droit de l'environnement, des droits concurrents à ceux des propriétaires fonciers pourraient avoir été reconnus sur les terres mêmes de ces derniers.

Découvrir les droits collectifs d'usage des espaces, milieux et paysages naturels

En effet, le premier article du Code de l'environnement dispose : « les espaces, ressources et milieux naturels terrestres et marins, les sons et odeurs qui les caractérisent, les sites, les paysages diurnes et nocturnes, la qualité de l'air, la qualité de l'eau, les êtres vivants et la biodiversité font partie du patrimoine commun de la nation ». Dans ces conditions, on peut se demander comment un propriétaire pourrait fermer son domaine sans égard pour les intérêts concurrents et légalement reconnus de la collectivité des usagers des espaces, milieux et paysages naturels. L'article L. 1110-1du Code de l'environnement n'emporterait-il pas la reconnaissance de droits collectifs d'usage dans les zones naturelles ou forestières quand bien même celles-ci seraient privativement appropriées ? La disposition ne réinstaurerait-elle pas un système de propriétés simultanées[409] en grevant les espaces, milieux et paysages naturels de droits au profit de leurs usagers (servitudes personnelles) ou du vaste fonds ou territoire de la nation (servitudes réelles[410]) ?

Dans cette perspective, les avocats des marcheurs, grimpeurs ou cavaliers empêchés pourraient s'inspirer de la jurisprudence relative à l'image des biens, soit aux photographies de bâtiments. De la même manière que la Cour de cassation avait affirmé en Assemblée plénière, le 7 mai 2004, que « le propriétaire d'une chose ne dispose pas d'un droit exclusif sur l'image de celle-ci », tout en lui réservant la possibilité de « s'opposer à l'utilisation de cette image par un tiers » en cas de « trouble anormal », les juges appelés à se prononcer dans cette affaire des domaines fermés seraient invités à énoncer que le propriétaire d'espaces naturels ou forestiers ne dispose pas d'un droit exclusif sur l'usage de ceux-ci, mais peut s'opposer à la traversée de ces terres par un tiers lorsqu'elle lui cause un trouble anormal. Ainsi serait reconnu un droit de passage innocent aux promeneurs, grimpeurs, cyclistes ou cavaliers, qui restreindrait efficacement le champ d'application de l'article 226-4-3 du Code pénal.

Dans la mesure où le fait de « pénétrer sans autorisation dans la propriété privée rurale ou forestière d'autrui » constitue une contravention de la 4e classe « dans le cas où le caractère privé du lieu est matérialisé physiquement », mais « sauf les cas où la loi le permet », le juge pourrait considérer que la loi, en particulier l'article L. 1110-1 du Code de l'environnement, permet de pénétrer sans autorisation dans la propriété privée rurale ou forestière d'autrui dès lors que ce passage s'exerce de manière inoffensive, autrement dit, sans qu'il soit causé un trouble anormal au propriétaire. Le droit pénal étant d'interprétation stricte, le domaine de l'infraction serait justement restreint, d'autant que celle-ci contrevient manifestement aux objectifs légaux de la mobilité active et de la santé publique[411].

Étendre la liberté d'aller et de venir hors des espaces publics

Sur le terrain constitutionnel, on pourrait encore avancer que la liberté d'aller et venir doit s'entendre d'un droit de parcourir la terre même hors des espaces publics.

La liberté d'aller et venir est, en effet, un principe de valeur constitutionnelle. Ceci résulte de la décision du Conseil constitutionnel « Ponts à péage » du 12 juillet 1979[412], qui a rattaché cette liberté personnelle d'agir aux articles 2 et 4 de la Déclaration des droits de l'homme et du citoyen de 1789, laquelle déclaration a valeur constitutionnelle. Quand l'article 2 déclare que « le but de toute association politique est la conservation » de ces « droits naturels et imprescriptibles de l'homme » que sont « la liberté, la propriété, la sûreté, et la résistance à l'oppression », l'article 4 énonce que « la liberté consiste à pouvoir faire tout ce qui ne nuit pas à autrui », et précise : « ainsi, l'exercice des droits naturels de chaque homme n'a de bornes que celles qui assurent aux autres membres de la société la jouissance de ces mêmes droits. Ces bornes ne peuvent être déterminées que par la loi ». Dans la mesure, toutefois, où les articles 2 et 17 de cette même Déclaration reconnaissent à la propriété le caractère de droit naturel, imprescriptible, inviolable et sacré, la liberté d'aller et venir peut se trouver limitée, et littéralement bornée, par l'exercice du droit de propriété, en particulier foncier, interprété comme une faculté d'exclure autrui. D'où ce principe selon lequel la liberté d'aller et venir concernerait les seuls espaces publics.

Il reste que, là encore, l'essor du droit de l'environnement pourrait avoir transformé le cadre d'analyse : promulguée le 1er mars 2005, la Charte de l'environnement rappelle, à son considérant 3, que l'environnement est notre « patrimoine commun », et proclame, à son article 1er, le droit de chacun « de vivre dans un environnement équilibré et respectueux de la santé ». Aussi, le Conseil constitutionnel a-t-il élevé la protection de l'environnement au rang d'objectif de valeur constitutionnelle. Ce même jour, le 31 janvier 2020, la haute instance a également reconnu qu'il appartenait au « législateur d'assurer la conciliation des objectifs de valeur constitutionnelle de protection de l'environnement et de protection de la santé avec l'exercice de la liberté d'entreprendre[413] », de sorte que celle-ci peut être limitée. Concernant la liberté d'aller et de venir, le juge pourrait pareillement, mais à l'inverse, considérer que le législateur a manqué à son devoir de concilier lesdits objectifs de protection de l'environnement et de la santé avec l'exercice du droit de propriété en créant une infraction de pénétration dans des espaces naturels ou forestiers privés, pour étendre le droit d'arpenter les terres à ces derniers.

Si l'ensemble des propositions jusqu'alors avancées pouvaient être facilement adoptées en l'état de notre droit, d'autres requerraient quelque changement, et nous engagent sur les sentiers de l'utopie, comme celle de proclamer la liberté de circuler en haute montagne.

Proclamer la liberté de circuler
en haute montagne comme en haute mer

Dans le traité susmentionné, Fauchille se refuse à justifier le droit de passage inoffensif par la notion de servitude, mais également par celle d'abus de droit, car l'une et l'autre supposent l'existence d'un droit de propriété ou de souveraineté sur la mer. Or l'idée d'une telle propriété ou d'une souveraineté lui paraît impropre, en même temps que la distinction entre les eaux territoriales et la haute mer lui semble injustifiée : « pour rapprochée qu'elle soit des côtes, la mer n'en est pas moins toujours la mer », il « faut donc considérer comme irréelle toute distinction entre la haute mer et une soi-disant mer territoriale », puis traiter « les eaux proches d'un État » comme « des eaux lointaines ». Or il se trouve qu'avec « ces grands flots roulés d'un pôle à l'autre », « ces courants divers à directions variées », et « ce mouvement incessant de la surface liquide », la mer est « rebelle à la possession qu'exige la propriété ou la souveraineté[414] ». On a bien pu, observe Fauchille, « circonscrire des parties de la mer par des lignes fictives, à l'aide de parallèles et de méridiens, mais le pouvoir de fait sur les espaces désignés fera toujours défaut. Dès que le navire ou l'escadre a passé, le sillage se referme : toute trace, tout vestige d'occupation disparaît. Aucun établissement permanent ne peut être formé à la surface changeante des flots ». C'est pourquoi la mer devrait être de libre parcours, et « le libre usage de la mer » constituer « un bien commun à tous les États[415] ».

Si la liberté de circuler n'est reconnue qu'en haute mer, et qu'un seul droit de passage inoffensif est admis dans les eaux territoriales, on ne peut qu'être frappé par la similitude de nature entre les hautes mer et montagne : elle aussi, immense, instable, connaît plus que jamais des états changeants, et menace, par endroits, de s'effondrer. Sur les faîtes hachés, les plaques glissantes enneigées, les glaciers aux crevasses invisibles, les dénivelées sablonneuses ou les pierriers aux roches coupantes et distanciées, en ces lieux pareillement, l'idée de propriété, au sens d'une maîtrise souveraine ou d'un pouvoir de domination, paraît inadaptée. Et reconduisant le raisonnement de P. Fauchille, nous pourrions en déduire l'existence d'un principe de libre circulation en montagne. La liberté de naviguer n'étant juridiquement admise qu'en haute mer, nous pourrions défendre sa transposition en haute montagne.

Mais quel effet, quel avantage en résulterait ? De fait, la liberté d'errer existe en cette terre difficile d'accès, et c'est en opposition avec elle, ou plus exactement, avec son périlleux analogue, la mer, que le juriste nazi Carl Schmitt a pu penser la prise des autres terres et leur clôture[416]. Cependant, Fauchille réfléchit autrement qu'en termes d'opposition, et il insiste sur l'unité des mers proches et éloignées des rivages pour justifier d'une même liberté d'y circuler. Sans doute, le cabotinage auprès des côtes ne présente-t-il pas les mêmes dangers qu'une traversée dans la houle des mers profondes de même qu'une marche sous le couvert forestier ou le parcours des moutons ne saurait être comparée à une ascension au piolet sur les plus hauts sommets. À telle enseigne que l'unité des mers et des montagnes mériterait d'être discutée. Mais l'on pressent qu'est en jeu une même liberté d'arpenter la Terre et de se déplacer qui pourrait se nuancer ou se dégrader à mesure que l'on descendrait dans les vallées ou approcherait de la terre ferme. Plutôt que de penser l'emprise des terres en regard de la liberté des mers, comme dans *Le Nomos de la Terre*, nous comprendrions alors la libre errance comme un motif à imprimer et décliner avec plus ou moins de force et d'intensité selon les occurrences ou situations.

Dans cette perspective, le droit collectif de parcours primerait clairement sur le droit de propriété au sens matériel[417] et foncier du terme, et le droit ne signifierait pas d'abord la prise, mais la déprise des terres, ou la reprise d'icelles par elles-mêmes. Plutôt que de partir de la figure de l'explorateur-conquérant colonisant les terres pour les soumettre et encercler, nous partirions de celles de la navigatrice à l'écoute des éléments –vents, vagues et courants– ou de la montagnarde remontant la sente, attentive aux formations et grondements des eaux et des enrochements[418], et avec le souci de respecter les droits concurrents et partagés des autres êtres vivants et non vivants, naturels comme surnaturels[419].

Retour sur la loi du 2 février 2023

De la reconnaissance d'une servitude de passage aux voyageurs enclavés à la proclamation de la liberté de circuler en haute montagne, en passant par la transposition du droit de passage inoffensif au secteur terrestre, l'application de l'abus de droit aux domaines fermés, la découverte de droits d'usage collectifs des espaces, milieux et paysages naturels ou l'extension de la liberté d'aller et de venir hors des espaces publics, il nous semble que les marcheurs, les cavaliers, cyclistes ou skieurs-randonneurs pourraient n'être pas entièrement démunis pour défendre l'existence en droit français d'un principe de libre déambulation ou d'accès à la nature, nonobstant le nouvel article 226-4-3 du Code pénal.

Quant aux grillages clôturant les fonds privés que le législateur s'est employé à encadrer pour assurer la libre circulation de la faune sauvage et protéger les paysages, nous voudrions souligner un paradoxe : de son côté, l'administration n'hésite pas à créer des dispositifs pour éviter l'occupation de populations indésirées sans nul souci paysager[420]. Pour contraindre des gens du voyage ou des groupes sans domicile à passer leur chemin et les empêcher d'investir les lieux, les autorités n'hésitent pas à saccager des terrains : quand celles-ci ne plantent pas des pics – rappelant ceux qu'avait érigés le sieur Coquerel pour crever le ballon de son voisin Clément-Bayard[421] –, elles creusent des tranchées, cassent du bitume, entassent des véhicules, déposent des blocs de pierre, empilent des rochers, installent des portiques, du grillage rigide, des traverses en béton ou des murs en parpaing, ou forment des « monticules de terre, de sable ou d'autres éléments bruts ou usinés » pour rendre les terres inhabitables[422]. Endommageant leurs propres fonds et attentant aux paysages – élément du patrimoine commun de la nation –, uniquement pour empêcher des collectifs de s'installer, les contraindre à la fuite et, partant, leur nuire, ces personnes publiques pourraient, elles aussi, abuser de leur droit[423].

Remerciements et crédits

Une première version du chapitre « Déambuler, cheminer, circuler » a été présentée dans le cadre du séminaire intitulé « Travail du sol, statut de la Terre, modes de l'habiter », organisé par Danouta Liberski-Bagnoud, les 15 et 16 juin 2021, à l'Institut d'études avancées de Nantes. La dernière partie du texte a été exposée sous le titre « Communautés de marcheurs et revendication de droits de passage » dans un colloque intitulé « La propriété privée, *in or out* ? », organisé par Mélanie Clément-Fontaine et Gaële Gidrol-Mistral, à Paris, le 10 juin 2022. Ces éléments de réflexion ont, par ailleurs, été soumis à l'examen des membres de mon jury de diplôme d'habilitation à diriger des recherches (HDR) : Pierre Brunet, Aurore Chaigneau, Isabelle Doussan, Mathilde Hautereau-Boutonnet, Judith Rochfeld, et Thierry Revet, le 4 juillet 2022, à l'université Côte d'Azur. Puis l'article a paru sous le titre « Déambuler, errer, cheminer, circuler. Une ligne de partage des droits pour la déprise des terres » au printemps 2023 dans le numéro 30 de la *Revue française de socio-économie*, codirigé par Isabelle Bruno et titré « Nature et propriété 2/2 ».

Le chapitre « Les vagabonds », initialement rédigé pour les Mélanges de Catherine Labrusse-Riou, préparé par Florence Bellivier et Christine Noiville, a également été soumis à mon jury de l'HDR, avant de paraître sous l'intitulé « Les vagabonds entre humains, chiens et loups », dans un numéro spécial du *Journal of Interdisciplinary History of Ideas*, dirigé par Rodrigo Míguez Núñez et titré « Nature and Property ».

Préparé et rédigé à Rome, le chapitre « Rome contre Borghèse » a d'abord fait l'objet d'une présentation sous forme audio lors de la nuit blanche de la villa Médicis, le 17 novembre 2022. Une version courte, ici republiée, a paru dans le premier numéro de la revue en ligne *Encommuns*, le 22 mai 2024, à l'invitation de Benjamin Coriat et de Fabienne

Orsi. Ce récit de procès a également été fait dans le cadre de séminaires : à l'université Roma 3, le 25 mai 2023, dans un séminaire d'humanités environnementales organisé par Lorenzo Romito et Giulia Fiocca du groupe Stalker ; à Aix-en-Provence, le 20 novembre 2023, auprès du centre de droits international comparé et européen, enfin, à l'École normale supérieure Paris-Saclay, le 9 janvier 2024, pour l'Institut des sciences sociales du politique (ISP), sur invitation de Marie Cornu.

Également réalisé durant mon séjour romain, « Invocation à Hermès » est le texte de la voix off du film « Quand Hermès se riait de Terminus », publié dans le numéro de l'année 2024 de la revue *Studiolo*. Enrichis d'un entretien avec le groupe d'artistes marcheurs Stalker, et du texte « Peck contre Bézuchet » (paru en juin 2021 dans les *Cahiers de l'école de Blois, n° 19, Le droit au paysage*, p. 10-19, sous le titre « Du droit de déambuler. Le paysage comme lieu de passages », avec des photographies de Fabrice Frigout), l'ensemble de ces textes ont fait l'objet d'une édition sous forme de numéros de journaux dans le cadre de l'exposition des pensionnaires de l'Académie de France à Rome - Villa Médicis pour l'année 2022-2023, intitulée *Una linea storta tesa*. Le *Ius deambulandi*, ce journal de la liberté de mouvement à l'âge des bouleversements écologiques, a été conçu par le Studio de graphisme T&D, Tom et Delhia, avec les photos d'Hugues Lucet (n° 5), de Geoffroy Mathieu (nos 1, 2 et 3) et de Brigitte Vanuxem (n° 4).

Écrit à mon retour en France, pour une exposition de Geoffroy Mathieu et de Bertrand Stofleth, le chapitre « Observatoire du GR2013 » est publié dans leur catalogue, *Paysages usagés 2012-2022*, sous le titre « Du droit de déambuler autour de la mer de Berre et du massif de l'Étoile » (Building Books, 2024, p. 29-32).

Enfin le chapitre « Imbroglio légal », préparé en vue d'une publication dans la revue précitée *Encommuns*, a fait l'objet de plusieurs présentations : à la Générale, le 23 mai 2024, auprès de l'Association des professeurs de philosophie de l'enseignement public et à l'invitation de Nathalie Pighetti ; à l'université de Lille, le 24 mai 2024, dans le séminaire « Communs », organisé par Nicolas Postel ; et à l'ENS Paris-Saclay, le 11 juin 2024, à l'invitation des membres de l'Institut des sciences sociales du politique et, en particulier, de Christian Bessy.

En plus de toutes les personnes ci-dessus mentionnées, je souhaiterais tout particulièrement remercier Fabienne Orsi et Thierry Revet pour leurs encouragements à étudier le *ius deambulandi*, Fabrice Frigout et Philippe Portier pour leurs conseils de lecture, Guillaume du Boisbaudry et Philippe-Alain Michaud pour leurs mots libérateurs, Brigitte Vanuxem pour sa relecture des textes et toute son aide, Hugues Lucet pour m'avoir accompagnée, avec bonheur et fougue, sur les chemins rodés comme hors des sentiers de la Ville éternelle, et guidée dans les montagnes françaises et italiennes, Maud Lucet pour ses lumières en mythologies grecque et romaine, Francesca Alberti, Frédéric Blancart, Sam Stourzdé pour l'appui au présent livre, ainsi que toustes les habitant·es, intendant·es et jardinièr·es de la Villa Médicis pour leur accueil princier, et mes co-pensionnaires. Je voudrais pareillement remercier Anaïs, Benoît, Brigitte Vanuxem, Salomé Taïeb Vanuxem, Jean-Luc Gaultier et Léo Gaultier Vanuxem pour la réalisation du film dédié aux figures d'Hermès et de Terminus, Matthieu Duperrex pour les excursions romaines en quête d'ongulés et le partage de ses connaissances et hypothèses d'ordre éthologique, Geoffroy Mathieu pour s'être replongé dans ses séries d'images en vue du *Ius deambulandi* puis du présent recueil, et Baptiste Lanaspeze pour sa patience, son écoute, ses conseils avisés et ses multiples lectures.

Notes

Dialogue introductif

1. Voir *infra* chapitre 4. L'arrêt rendu par la Cour de cassation de Rome date du 9 mars 1887.

2. bureaudesguides-gr2013.fr

3. *GR® 2013 Marseille-Provence : sentier métropolitain autour de la mer de Berre et du massif de l'Étoile*, Fédération française de randonnée, 2013, TopoGuides.

4. Voir sur les *gated communities*, É. Dorier, « Marseille Privatopia. Les enclaves résidentielles à Marseille : logiques spatiales, formes et représentations », *Urbanicités*, https://urbanicites.hypotheses.org/marseille-privatopia

5. Pour un inventaire des libertés dont l'exercice laisse une forte empreinte carbone et, plus largement, tellurique, voir L. Fonbaustier, *Environnement*, Anamosa, 2021, p. 67-68.

6. Possiblement énergivore quand elle emprunte les circuits numériques, l'exercice de la liberté d'expression pourrait être limité au regard de son empreinte carbone.

7. C. Schmitt, *Le Nomos de la Terre*, 1950, présenté par P. Haggenmacher, PUF, 2012.

8. Voir *infra* chapitre 2. G. Deleuze et F. Guattari, *Mille Plateaux*, Les Éditions de minuit, 1980.

9. Fr. Gemenne, A. Rankovic et Atelier de cartographie de Sciences Po, *Atlas de l'Anthropocène*, 2e édition, préface de J. Zalasiewicz, postface de B. Latour, SciencesPo Les presses, 2021.

10. M. Foucault, *Surveiller et punir*, Gallimard, 1975.

11. Voir *infra* chapitre 1.

12. Loi n° 2023-54 du 2 février 2023 visant à limiter l'engrillagement des espaces naturels et à protéger la propriété privée, *Journal officiel de la République française*, 3 février 2023.

13. Voir *infra* chapitre 6.

14. Voir, notamment, les articles 143 et 144 de la loi Climat et résilience du 22 août 2021.

15. On pense à l'interdiction des vols intérieurs quand une alternative ferroviaire existe. Posée à l'article 145 de la loi Climat et résilience, avec des conditions très restrictives, elle n'a, en pratique, aucune incidence.

16. Le système d'échange de quotas d'émission de l'Union européenne (SEQE) a été étendu au secteur des transports aériens en 2008 et au secteur des transports maritimes en 2024.

17. L'allocation de quotas carbone individuels, voire de quotas de ressources naturelles individuels est actuellement, en doctrine, discutée.

18. Voir L. Belluco et G. Kœnig, « Ouvrons une réflexion sur un "droit à l'errance" à la française », *Le Monde*, 3 avril 2024.

19. À l'échelle européenne, la fin de la commercialisation des véhicules à moteur thermique est prévue pour 2035.

20. Cette échéance est celle du pacte vert pour l'Europe, adopté par le Conseil européen le 12 décembre 2019.

21. Voir l'article L. 1111-1 du Code des transports et la loi d'orientation des mobilités de 2019.

22. Voir le nouvel article 226-4-3 du Code pénal.

23. Au Royaume-Uni, le Countryside and Right Way Act 2000 codifie le *right to roam* ou *everyman's right*. La Constitution bavaroise reconnaît à son article 141 C 3 le droit de tous « à jouir des beautés de la nature, à se reposer à l'extérieur, et surtout à circuler dans les forêts et les pâturages de montagne ». Surtout, il existe, dans le droit des États européens nordiques, un « droit d'accès à la nature » ou « droit de tous à profiter de la nature », voir *infra* chapitre 6.

24. C'est-à-dire en continuant de poursuivre l'objectif de croissance économique, serait-elle verte ? En ce sens, H. Tordjman, *La Croissance verte contre la nature : critique de l'écologie marchande*, La Découverte, 2021.

25. Si les maux environnementaux trouvent largement leurs causes dans l'essor des sociétés industrielles, alors la résolution de ces « problèmes » suppose la sortie de cette manière occidentale moderne de vivre la condition humaine et du système économique capitaliste qui la sous-tend. Pensons ici à cette formule attribuée à Einstein : « On ne résout pas un problème avec les modes de pensée qui l'ont engendré. »

26. Voir *infra* chapitre 6.

27. I. Illich, « Énergie et équité », paru pour la première fois en français en 1973, dans le journal *Le Monde*, republié in *Œuvres complètes*, tome I, Fayard, 2004.

28. Voir *infra* chapitre 5.

29. La circulation du public peut être, quel que soit le moyen emprunté, soumise à un régime particulier et, le cas échéant, interdite (art. L. 331-4-1 du Code de l'environnement).

30. I. Illich, *op. cit.*

31. Il ne s'agit pas de pénétrer dans les domiciles privés. Voir, sur ce point, L. Belluco et G. Kœnig, *loc. cit.*

32. On pense au complexe droit d'accès à la nature chez les Kanaks de Nouvelle-Calédonie.

33. Voir R. Hamaguchi, *Le mal n'existe pas*, 2023, film 1 h 46'.

34. L'expression vient de l'anthropologue Hassan Hage dans *Le Loup et le Musulman* (Wildproject, 2017), p. 40 : « L'ordre colonial qu'est la frontière –la frontière établie par le colonisateur occidental– fonctionne comme une structure mondiale d'apartheid, divisant le monde entier en deux réalités, où la race et la classe s'associent pour définir deux espaces coexistants et pourtant séparés, dans lesquels la qualité de vie, des infrastructures, de la santé et de la mobilité est radicalement différente. »

35. Il est plus précisément stipulé, à l'article 13, que « 1. Toute personne a le droit de circuler librement et de choisir sa résidence à l'intérieur d'un État. 2. Toute personne a le droit de quitter tout pays, y compris le sien, et de revenir dans son pays. »

36. Voir *infra* chapitre 1. Il faut encore mentionner les gens du voyage, anciennement qualifiés de « nomades », et qui furent envoyés dans les camps durant la Seconde Guerre mondiale, ainsi que les ouvriers dont le livret éponyme permettait de contrôler les déplacements.

37. Simona Cerutti, Thomas Glesener et Isabelle Grangaud (dir.), *La Cité des choses : Une nouvelle histoire de la citoyenneté*, Anacharsis, 2024.

38. *Ibid.*

39. Notons que Vitoria reconnaît l'humanité des Amérindiens et le droit de ceux-ci sur leurs terres. S'il légitime la venue des Espagnols sur des terres étrangères par un droit naturel de pérégriner, celui-ci autoriserait le libre établissement sur celles-là, mais non leur appropriation.

40. Jacques David présentant *El concepto y los principios fondamentales del derecho de gentes segun la doctrina del P. Francisco de Vitoria en el primero de los titulos legitimos de la releccion De indis*, de Manuel de Lasala Llanas, La Académica, Universidad de Zaragoza, 1928.

41. *Ibid.*

42. Achille Mbembe va plus loin encore, qui parle d'un devenir nègre de l'humanité à l'ère néolibérale (*Critique de la raison nègre*, La Découverte, 2013).

43. De même, la loi Immigration de 2024 vise, notamment, les plateformes dites collaboratives de chauffeurs-livreurs, partant, les vendeurs, mais avec cet objectif officiel légitime de participer à la lutte contre l'exploitation des travailleurs immigrés illégaux.

44. Il a, par ailleurs, été proposé de créer une catégorie de déplacés climatiques ou, plus largement, écologiques, qui se distingue à la fois de celles des réfugiés politiques et des migrants économiques. Cependant, les travaux de droit international signalent plusieurs écueils : la stigmatisation persistante des migrants économiques, regardés comme de « mauvais » immigrés ; l'accent mis sur les mouvements internationaux quand la plupart des déplacés climatiques transitent à l'intérieur d'un même État ou continent ; la présentation de la migration comme un problème et non telle une solution.

45. Ce faisant, nous marcherions sur les traces du prix Nobel des mathématiques Alexandre Grothendieck, fondateur de la revue écologique et décroissante *Survivre et vivre*, et qui, cité en 1977 pour avoir gratuitement hébergé un étranger en situation irrégulière, fut le premier condamné pour avoir commis ledit délit de solidarité.

46. Luc Ferry, *Le Nouvel Ordre écologique*, Grasset, 1992.

47. Je pense ici à la personnification du fleuve Whanganui, un collectif accueillant également les entités surnaturelles.

48. À défaut de pouvoir acquérir le droit de passer par la prescription, c'est-à-dire par une possession prolongée dans le temps. Car seules les servitudes apparentes et continues, c'est-à-dire visibles et qui n'ont pas besoin de l'intervention humaine pour être exercées, peuvent s'acquérir par la prescription (art. 691 du Code civil).

49. Voir les art. L. 2411-1 à L. 2412-2 du code général des collectivités territoriales.

50. Voir les art. L. 361-1 à L. 361-3 du Code de l'environnement.

51. Voir « Invocation à Hermès ».

52. Sur les propriétés simultanées, voir A.-M. Patault, *Introduction historique au droit des biens*, PUF, 1989.

53. Voir, par exemple, J. Fromageau, « Le droit de l'environnement : l'exemple des zones humides », *Bibliothèque de l'École des chartes*, 1998, tome 15, p. 173-185.

54. Voir *infra* chapitre 1.

55. Sarah Vanuxem, *La Propriété de la Terre*, Wildproject, 2018.

56. Ce que d'autres juristes appellent joliment « l'échelle de communalité », J. Rochfeld (dir.), *Propositions de réformes pour intégrer les biens communs en droit, rapport final de recherche* n° 17-34, avril 2021, GIP Mission de recherche Droit et Justice (convention n° 217.11.21.25).

57. S. Vanuxem, *Des choses de la nature et de leurs droits*, Quæ, 2020.

58. Comme je m'en explique dans l'introduction des *Choses de la nature et de leurs droits* (Quae, 2020), la qualification idoine est bien plutôt celle de l'analogisme, en un sens descolien (Ph. Descola, *Par-delà nature et culture*, Gallimard, 2005).

59. Le texte a paru dans la rubrique « fiction » de la revue *AOC (Analyse Opinion Critique)*, le 26 novembre 2023.

60. U. K. Le Guin, « La théorie de la fiction-panier », in *Danser au bord du monde*, traduit par H. Collon, éd. de l'Éclat, 2020.

61. Marche des 23, 24 et 25 septembre 2022 du groupe Stalker pour une « célébration spontanée de la nature sauvage dans la cité » en suivant un itinéraire dessiné par les cours d'eau avoisinant le Tibre.

62. G. Mathieu et J. Ballesta, *Anti Installation*, Building Books, 2023.

63. G. Mathieu, *La Mauvaise Réputation*, Zoème, 2020.

64. Séminaire « Glanages », 9 octobre 2020, MSH Paris-Nord, organisé par F. Paddeu et F. Roussel.

65. *Una linea storta tesa*, exposition des pensionnaires de la villa Médicis 2022-2023, commissaire S. Verini, 10 juin-6 août 2023.

Invocation à Hermès

66. A. Gonzales, « Le dieu Terme se tient en gardien à l'entrée du monde », *Les Vocabulaires techniques des arpenteurs romains, Actes du colloque international* (Besançon, 19-21 septembre 2002), Institut des sciences et techniques de l'Antiquité, 2006, p. 63-69.

67. Sous la loggia de la villa Médicis, en frontispice de la porte du grand salon, sont gravés les mots suivants : « À Napoléon le Grand, les arts reconnaissants ».

68. J.-M. Ropars, « Le dieu Hermès et l'union des contraires », *Gaia : revue interdisciplinaire sur la Grèce archaïque*, 2016, n° 19, p. 59 ; P. Judet de la Combe, « Hermès, le dieu fourbe et farceur, qui conduisait les âmes des morts dans l'Invisible », in *Quand les Dieux rôdaient sur la Terre*, émission Radio France du 1er octobre 2022.

69. Selon F. Ost, Hermès pourrait même être le dieu du droit (« La bande de Möbius, ou les chemins d'Hermès ? », *Revue interdisciplinaire d'études juridiques*, 1990, vol 25, n° 2, p. 77-82).

70. Voir J. Toutain, « Hermès Dieu social chez les Grecs », *Revue d'histoire et de philosophie religieuses*, 1932, n°s 4-5, p. 289-299.

71. P. Judet de la Combe, *loc. cit.*, contra F. Vengeon, « Bornes et centres dans l'espace commun : sur quelques fonctions de la sculpture », *Rue Descartes*, 2011, vol. 1, n° 71, p. 4-14, spéc. p. 5.

72. Dans le Code de l'environnement français, le chapitre 1er du titre intitulé « Accès à la nature » traite des itinéraires de randonnée (articles L. 360-1 à L. 365-1).

73. G. Deleuze et F. Guattari, *Mille plateaux*, *op. cit.*, p. 388-389 : « La propriété est d'abord artistique, parce que l'art est d'abord affiche, pancarte » ; « Les marques territoriales sont des *ready-made* ».

74. Fr. Favory, A. Gonzales, J.-Y. Guillaumin, Ph. Robin, « Témoignages antiques sur le bornage dans le monde romain, II », *Revue archéologique du Centre de la France*, 1995, tome 34, p. 261-281 ; D. Jaillard, « Le pilier hermaïque dans l'espace sacrificiel », *Mélanges de l'École française de Rome*, 2001, tome 113, n° 1, p. 341-363.

75. A. Cecchi, C. Gasparri, *La Villa Médicis*, volume 4, *Le collezioni del cardinale Ferdinando : i dipinti e le sculture*, École française de Rome – Académie de France à Rome, 2009, p. 350 et s. ; F. Boyer « Les antiques de la villa Médicis du 16e au 18e siècle », *Comptes rendus des séances de l'Académie des inscriptions et Belles-Lettres*, 1929, vol. 73, n° 1, p. 55-62.

76. Dans le film, on aura pu voir le jeune Hermès confier un secret à l'oreille de l'un des bustes-Hermès.

77. On présente habituellement Mercure comme l'équivalent romain du dieu grec Hermès. Il semblerait, toutefois, que le culte de Mercure soit plus récent que celui de Terminus. En ce sens, F. Vengeon, *loc. cit.*, spéc. p. 5.

78. Dans le film, on aura pu voir l'enfant tenter de repousser le mur d'Aurélien.

79. O. de France, « Qu'est-ce que l'Europe géopolitique ? », *Revue internationale et stratégique*, 2021, vol. 2, n° 122, p. 137-144, renvoyant à *Terminus* du poète S. Heaney.

Chapitre 1 • Les vagabonds, entre humains, chiens et loups

80. G. Cornu, *Vocabulaire juridique*, PUF, 13e éd., 2020.

81. Th. Debard et S. Guinchard, *Lexique des termes juridiques*, Dalloz, 2020-2021 ; C. Puigelier (dir.), *Dictionnaire juridique*, Bruylant, 3e éd., 2020.

82. G. Baudry-Lacantinerie et M. Houques Fourcade, *Traité théorique et pratique de droit civil. Des personnes. Du domicile*, Librairie de la Société du Recueil général des lois et des arrêts, 1902, p. 803-836, § 959-1010 ; M. Planiol et G. Ripert, *Traité élémentaire de droit civil. Le domicile*, avec le concours de J. Boulanger, tome I, 3e éd., LGDJ, 1946, p. 214-228, § 532-580 ; M. Planiol et G. Ripert, *Traité pratique de droit civil français. Les personnes. Le domicile*, tome 1, 2e éd., LGDJ, 1952, p. 175, § 137, p. 178, n° 140.

83. Ch. Demolombe, Cours de Code Napoléon, *Traité de l'état des personnes. Du domicile*, Auguste Durand & Hachette, 1865, p. 561, § 338, et s., not. p. 573-575, § 348.

84. Fr. Terré, D. Fenouillet, *Les Personnes : personnalité, incapacité, protection*, Dalloz, 8e éd., 2012, p. 201, § 202.

85. Ce n'est qu'en 1915 que le prononcé du délit de vagabondage commença à se raréfier, après que l'infraction autonome de recel eut été créée. Et ce n'est pas avant l'apparition d'autres délits comme la détention d'armes ou de stupéfiants, et une loi du 16 décembre 1992, entrée en vigueur le 1er mars 1994, que l'incrimination fut supprimée.

86. J. Carbonnier, *Les Personnes*, 21e éd., PUF, 2000, p. 93, § 51, p. 101, p. 104, § 57.

87. A. L. Tsing, *Le Champignon de la fin du monde : sur la possibilité de vivre dans les ruines du capitalisme*, La Découverte, 2017. Voir aussi, A. L. Tsing, *Proliférations*, Wildproject, 2022.

88. X. Perrot, « La malebesteu, le juge et le Démon. Le procès du lycanthrope Jean Grenier en 1603 », *Revue semestrielle de droit animalier*, Université de Limoges, 2014, nº 1, p. 367-380 ; A. Lauba, « L'animal un justiciable comme les autres. Retour sur un aspect insolite de l'histoire du procès », in M. Faure-Abbad, (dir.), *Les Animaux*, Presses universitaires juridiques de Poitiers, 2019, p. 125-142. Voir de manière plus générale, C. Ginzburg, *Les Batailles nocturnes*, 1966, Flammarion, 2019 [1966].

89. Th. Hobbes, *Léviathan*, Dalloz, 1999 [1651].

90. Ch. Paultre, *De la répression de la mendicité et du vagabondage en France sous l'Ancien Régime*, Slatkine. Megariotis reprints, 1975, p. 1-2 ; J.-J. Jusserand, *La Vie nomade et les routes d'Angleterre au 14e siècle*, Hachette, 1884, p. 3-6.

91. Ch. Paultre, *op. cit.* J.-J. Jusserand, *op. cit.*, p. 3-6.

92. *Ibid.*

93. J. Bardoux, *Vagabonds et mendiants devant la loi*, Librairie nouvelle de droit et de jurisprudence, 1906, p. 34.

94. Ch. Paultre, *op. cit.* p. 1-2.

95. J.-Fr. Chassaing, « Vagabondage et histoire du droit pénal. Synthèse sur le problème du vagabondage du Moyen Âge au 19e siècle », in *Des vagabonds aux SDF : approches d'une marginalité*, textes rassemblés par M.-Th. Avon-Soletti, Publication de l'université de Saint-Étienne, 2002, p. 16-18 ; Ch. Paultre, *op. cit.*, p. 1-2, 17.

96. Ch. Paultre, *op. cit.*, p. 19. Voir également J. Bardoux, *op. cit.* p. 16.

97. Ch. Paultre, *op. cit.*

98. En particulier, un décret du 15 octobre 1793 (24 vendémiaire en II) disposait, à l'article 3, que tout mendiant ou vagabond, arrêté une première fois, et mis dans une « maison de répression pour causes aggravantes » subirait, s'il était repris, la peine de « transportation » dans les colonies (laquelle peine pourrait être purgée, prévoyait une autre loi, du 11 brumaire an II, dans la partie sud-est de l'île de Madagascar). Voir J. Bardoux, *op. cit.*, p. 28-32.

99. K. Marx, *La Loi sur le vol de bois*, éd. Équateurs / Malassis, 2013 [1842].

100. J. Bardoux, *op. cit.*, p. 32.

101. Un décret du 5 juillet 1808 sur l'extirpation de la mendicité et une loi des 16-26 février 1810 préparèrent les articles 269 à 282 du Code pénal. D'abord envoyés dans des maisons de détention – en pratique, et jusqu'en 1815, dans les dépôts de mendicité non encore disparus –, les vagabonds étaient mis à la disposition du gouvernement à l'expiration de leur peine. L'article 271 du Code pénal disposait, en effet : « les vagabonds ou gens sans aveu qui auront été légalement déclarés tels seront, pour ce seul fait, punis de trois à six mois d'emprisonnement, et demeureront, après avoir subi leur peine, à la disposition du gouvernement pendant le temps qu'il déterminera, eu égard à leur conduite » (J. Bardoux, *op. cit.*, p. 61-63).

102. M. Dubost, *Étude juridique sur la répression du vagabondage et de la mendicité*, Libraire nouvelle de droit et de jurisprudence, 1903, p. 40-41.

103. *Ibid.*

104. L. Rivière cité par M. Dubost, *op. cit.*, p. 3.

105. A. Chauveau et F. Hélie, *Traité du Code pénal*, tome III, n° 1094, cité par M. Dubost, *op. cit.*, p. 62-64.

106. J.-Fr. Chassaing, *op. cit.*, p. 15 à 20.

107. *Ibid.*

108. *Ibid.*

109. M. Dubost, *op. cit.*, p. 1-2.

110. L'article 270 du Code pénal disposait que « les vagabonds ou gens sans aveu sont ceux qui n'ont ni domicile certain, ni moyen de subsistance et qui n'exercent habituellement ni métier, ni profession ». Pour être en état de vagabondage, il fallait donc réunir les trois conditions suivantes : ne pas avoir de domicile certain, ne pas avoir de moyens de subsistance, n'exercer habituellement ni métier, ni profession.

111. Batardy, *Congrès pénitentiaire*, 1895 ; cité par J. Bardoux, *op. cit.*, p. 64.

112. M. Foucault, *op. cit.*, p. 14.

113. *Ibid.*, p. 20-23.

114. *Ibid.*, p. 29-30.

115. *Ibid.*, p. 126.

116. *Ibid.*, p. 91.

117. *Ibid.*, p. 99.

118. K. Marx, *op. cit.*

119. Le « passage à une agriculture intensive » exerça « sur les droits d'usage, sur les tolérances, sur les petits illégalismes acceptés, une pression de plus en plus contraignante ». M. Foucault, *op. cit.*, p. 100-101.

120. *Ibid.*, p. 103-104.

121. *Ibid.*, p. 128-129.

122. *Ibid.*, p. 144.

123. *Ibid.*, p. 259.

124. *Ibid.*, p. 154-155.

125. *Ibid.*, p. 108-109.

126. J.-Fr. Chassaing, *op. cit.*, p. 19.

127. J. Bardoux, *op. cit.*, p. 34, s'appuyant sur F. Eugenio, G. Cavaglieri, *I vagabondi, Studio sociologico-giuridico*, Fratelli Bocca editori, 1897.

128. Ces expressions sont celles de Baptiste Lanaspeze.

129. *Idem.*

130. A. Lauba, *loc. cit.* p. 125-142, spéc. p. 133.

131. W. Riguelle, « Le chien dans la rue aux 17e et 18e siècles. Le cas des villes du sud de la Belgique », Société française d'histoire urbaine, *Histoire urbaine*, 2016, vol. 3, n° 47, p. 69-86.

132. *Ibid.*

133. C. Hodak, « Les animaux dans la cité. Pour une histoire urbaine de la nature », *Genèses*, 1999, n° 37, p. 156-169.

134. O. Zeller, « L'animal dans la ville d'Ancien Régime : quelques réflexions », *Cahiers d'histoire. L'animal domestique 16e-20e siècle*, 1997, tome 42, nos 3-4.

135. A. Exbalin, « Le grand massacre des chiens, Mexico, fin 18e siècle », Société française d'histoire urbaine, *Histoire urbaine*, 2015, vol. 3, n° 44, p. 107-124.

136. O. Zeller, *loc. cit.*

137. W. Riguelle, *loc. cit.*, propos repris par S. Bobbé, « Entre domestique et sauvage : le cas du chien errant. Une liminalité bien dérangeante », *Ruralia*, 1999, n° 5.

138. En définitive, l'interdiction de l'errance canine aura participé à la multiplication, sinon à l'apparition, au 18e siècle, des « animaux familiers dans les intérieurs urbains » (O. Zeller, *loc. cit.*).

139. Voir J.-P. Marguénaud, *L'Animal en droit privé*, PUF, 1993, p. 474 ; J.-P. Marguénaud, « La personnalité juridique des animaux », *Recueil Dalloz*, 1998, n° 20, p. 205. ; Contra Th. Revet, « Loi n° 99-5 du 6 janvier 1999 relative aux animaux dangereux et errants et à protection des animaux », *Revue trimestrielle de Droit civil*, 1999, p. 479 *et sqq.* Sans rouvrir ici ce débat, nous partons de ce présupposé que les animaux peuvent être qualifiés de biens comme de personnes selon les situations : en tant qu'il est un vivant doué de sensibilité dont les intérêts peuvent être défendus par une association de protection des animaux, l'animal représente une personne au sens d'une personne morale, conformément à l'analyse de J.-P. Margénaud ; en tant que sa force de travail peut être employée par son propriétaire dans le cadre d'une exploitation agricole, l'animal constitue un bien et, plus précisément, un immeuble par destination, conformément à l'analyse qu'en ferait Th. Revet (*La Force de travail* [étude juridique], Préface de F. Zenati, Litec, 1992). Précisons que les arguments d'ordre éthologique donnés pour s'opposer à la personnalité des animaux apparaissent désormais surannés, qui reposent sur l'idée d'absence d'intelligence et d'intentionnalité animales. Voir V. Despret, par exemple *Que diraient les animaux si… on leur posait les bonnes questions ?*, La Découverte, 2014.

140. Voir l'article L. 211-23 du Code rural.

141. Voir l'article L. 211-22 du Code rural.

142. Il s'agit plus précisément d'un délai franc de garde de huit jours ouvrés.

143. Il s'agit des associations disposant d'un refuge.

144. Elle l'est, plus précisément, à l'expiration du délai de garde.

145. Voir les articles R. 271-9 du Code rural pour la Guadeloupe, la Guyane, la Martinique, La Réunion et Mayotte, l'article R. 274-5 du même Code pour Saint-Pierre-et-Miquelon, l'article R. 273-5 pour Saint-Martin, enfin, l'article R. 272-4 pour Saint-Barthélemy.

146. Saisi d'un recours pour excès de pouvoir contre le décret du 25 novembre 2002 permettant de raccourcir ce délai de huit jours jusqu'à quatre jours ouvrés dans les départements d'outre-mer, le Conseil d'État a conclu à sa légalité compte tenu d'éléments propres auxdits départements tenant notamment au grand nombre de chiens errants au regard des capacités d'accueil des animaux capturés (Association Droit de cité : *Du délai de garde des animaux errants ou en état de divagation dans les DOM*, Rec. Lebon, tables, p. 793 ; *BJCL*, vol 1, n° 5, p. 49, conclusions F. Séners et obs. anonymes ; *JCP A*, 2005, n° 12, obs. J. Moreau).

147. La cession à titre gratuit peut être faite à une fondation ou à une association de protection animale reconnue d'utilité publique ou déclarée.

148. M. Bahouala, « Les pouvoirs de police du maire en matière d'animaux errants et d'animaux dangereux », *AJ Collectivités territoriales*, 2020, 121.

149. Après avis des conseils généraux.

150. Il s'agit du plan d'eau visé aux articles L. 431-6 et L. 431-7 du Code de l'environnement. L'article L. 211-5 du Code rural offre, du reste, la possibilité à celui qui aurait souffert des dommages causés par des volailles ou des pigeons sur son fonds de les tuer, « mais seulement sur ce lieu, au moment du dégât et sans pouvoir se les approprier ».

151. D. Chauvet, *La Personnalité juridique des animaux jugés au moyen âge* (13e-16e siècles), L'Harmattan, 2012, p. 28-29.

152. H. Perton, *Police municipale et animaux errants*, Territorial éditions, 2006 ; H. Perton, P. Debois, *Mémento pratique relatif à la police des animaux errants et dangereux*, éd. La Baule, 2010 ; V. Fuks, A. Franconi, *Les Animaux dans la cité : sécurité et santé publiques. Cas de Paris et des départements limitrophes*, IAURIF, 1998 ; C. Halpern et B. Pitcho, *Le Droit des animaux*, éd. Eska, 2007.

153. D. Chauvet, *op. cit.*, p. 27-29.

154. M.-C. de Montecler, « Lutte contre les animaux dangereux », Dalloz actualité, 5 novembre 2006 ; F. Suplisson, « Associations protectrices des animaux. Animaux dangereux et errants », *Juris associations*, 1999, n° 193, p. 17 ; F. Suplisson, « Associations de protection des animaux - Les pouvoirs du maire sont redéfinis à l'égard des animaux errants », Décret n° 2002-1381 du 25 novembre 2002, *Juris associations*, 2003, n° 274, p. 9 ; M. Bahouala, *loc. cit.*

155. P. Llored, « Le chat errant, animal domestique ou animal politique ? Éléments pour une déconstruction de la domestication des "espèces compagnes" », *Revue semestrielle de droit animalier*, 2012, n° 1, p. 301-321 ; D.

Haraway, *Manifeste des espèces compagnes*, Flammarion, 2019.

156. Les travaux des anthropologues montrent qu'il existe bien d'autres manières d'entrer en relation avec les animaux. Voir, par exemple, Ch. Stépanoff, « Coexistences intermittentes », *Socialter*, 1er février 2022.

157. Aujourd'hui, on l'a vu, le délai est de huit jours, également pour les animaux non identifiés.

158. J'emploie ici le conditionnel car l'article R. 211-4 du Code rural se trouve intégré dans une sous-section dédiée aux lieux de dépôt adaptés aux animaux dangereux, et non aux animaux dangereux ou errants dans leur ensemble. On peut toutefois penser que les commentateurs raisonnent avec bon sens : si les animaux dangereux ont droit à un espace respectueux de leurs besoins, il doit en aller *a fortiori* de même des animaux errants.

159. Conformément à l'article L. 214-1 du Code rural, lequel exige que tout animal soit, en tant qu'« être sensible », placé « par son propriétaire dans les conditions compatibles avec les impératifs biologiques de son espèce ». Voir également l'article 515-14 du Code civil.

160. J.-P. Marguénaud, *op. cit.*, p. 474. Voir aussi T. Regan, *Les Droits des animaux*, Hermann, 2012 [1983], traduit de l'anglais par E. Utria, p. 270. *Loi du 21 juin 1898 sur le Code rural, suivie de la loi du 2 août 1884 sur les vices rédhibitoires*, H.-Ch. Lavauzelle éd., 1902, article 16, 10-11. M. Clément, *Dictionnaire de police judiciaire, administrative, municipale et rurale, précédé d'un traité de droit pénal, Code pénal et code d'instruction criminelle, et suivi d'un formulaire théorique et pratique de procès-verbaux, d'enquêtes et de procédures en usage dans les commissariats de police de Paris*, A. Herpin, 1902, article 15, p. 221-222. En 1791, seuls les chiens dangereux auraient été concernés par l'interdiction de vagabondage *Le Nouveau Code rural, ou Le jurisconsulte campagnard : contenant le Code rural de 1791, le Code forestier, la loi sur la pêche fluviale, le texte des dispositions du Code civil*, P. Chaillot jeune, 1838, art. 30, p. 19. Pour les autres animaux, les dispositions actuelles n'auraient guère été modifiées qu'à la marge (A. Puton, *Les Forêts et le projet de Code rural*, A. Hennuyer, 1870, p. 13 et s).

161. G. Agamben, *Homo sacer : le pouvoir souverain et la vie nue*, trad. M. Raiola, Seuil, 1997 [1995], p. 11, 16-17, 110-111, 125.

162. *Ibid.*

163. *Ibid.*, p. 28.

164. *Ibid.*, p. 190.

165. Dans le même temps existe une industrie de production et de vente d'animaux domestiques, de sorte que le lien établi par G. Agamben entre ce *nomos* moderne du camp et le capitalisme pourrait, en ce domaine, se vérifier.

166. Voir aussi E. de Fontenay, *Le Silence des bêtes*, Fayard, 1998 : « l'abattoir ou la communauté de destin ».

167. P. Llored, *loc. cit.*

168. G. Agamben, *op. cit.*, p. 11, 16-17, 92-93, 110-111, 125-126.

169. P. Llored, *loc. cit.*

170. D. Braye, Rapport n° 429 (1997-1998), fait au nom de la commission des affaires économiques, déposé le 13 mai 1998.

171. S. Antoine, *Le Droit de l'animal*, préface J.-M. Coulon, éd. Légis-France, 2007, p. 159, § 153 ; N. Blanc, « Vers une esthétique environnementale », Quae, 2008, p. 107-122 ; F. Burgat, « La mouvance animalière. Des "petites dames de la protection animale" à la constitution d'un mouvement qui dérange », *Pouvoirs*, 2009, vol. 4, n° 131, p. 73-84.

172. D. Braye, *loc. cit.*

173. D'abord, le maire doit informer la population de son intention de mettre en œuvre une campagne de capture des chats errants sur le territoire communal. Ensuite, la mesure ne s'applique qu'aux chats non identifiés sans propriétaire ou sans gardien, vivant en groupe dans des lieux publics de la commune. Une fois l'action réalisée, le maire doit veiller à les relâcher à l'endroit où il les a capturés. Enfin, ces dispositions ne sont applicables qu'aux départements indemnes de rage.

174. B. Latour, *Nous n'avons jamais été modernes : essai d'anthropologie symétrique*, La Découverte, 1991.

175. M. Redon, *Animaux, répertoire de droit pénal et de procédure pénale*, Dalloz, 2016.

176. Voir l'article L. 211-22 du Code rural.

177. *CJUE*, 11 juin 2020, « Renvoi préjudiciel – Conservation des habitats naturels ainsi que de la faune et de la flore sauvages – Directive 92/43/CEE – Article 12, paragraphe 1 – Système de protection stricte des espèces animales – Annexe IV – *Canis lupus* (loup) – Article 16, paragraphe 1 – Aire de répartition naturelle – Capture et transport d'un spécimen d'animal sauvage de l'espèce *Canis lupus* – Sécurité publique ».

178. Y. Thomas, *Les Opérations du droit*, EHESS, Gallimard, Seuil, 2011.

179. Voir l'article 16 de la directive Habitats.

180. Ou si, à l'inverse, une dérogation est obligatoire en ce qui concerne tout spécimen sauvage non captif, indépendamment du fait de savoir si celui-ci a pénétré sur le territoire d'une telle collectivité.

181. Plus précisément : à son article 16, et sur le fondement des articles 12, 13, 14 et de l'article 15, sous a) et b) de la directive Habitats.

182. Une conclusion identique découle de la lecture du document d'orientation sur la protection stricte des espèces animales d'intérêt communautaire en vertu de la directive « Habitats » 92/43/CEE (version finale, février 2007), qui décrit l'« aire de répartition naturelle » comme un concept dynamique, qui ne coïncide pas exactement avec les « zones réellement occupées ou le territoire dans lesquels un habitat, une espèce ou une sous-espèce est présent de manière permanente ».

183. G. Deleuze et F. Guattari, *op. cit.*, voir le « Traité de nomadologie ».

184. Voir notamment S. Donaldson et W. Kymlicka, *Zoopolis : une théorie politique des droits des animaux*, Alma éd., 2016 [2011] ; J. Zask, *Zoocités*, Premier Parallèle, 2020 ; J. Wolch, « Zoöpolis », in É. Hache (dir.), *Écologie politique : cosmos, communautés*, éd. Amsterdam, 2012, p. 381-404.

185. Convention signée à Bonn le 23 juin 1979 et conclue au nom de la Communauté européenne par la décision 82/461/CEE du Conseil, du 24 juin 1982 (*JO* 1982, L 210, p. 10).

186. Voir l'article 1*er* (§1) de la Convention sur la conservation des espèces migratrices appartenant à la faune sauvage.

187. Je reprends ici l'idée d'un droit de glaner du loup, exprimée oralement par L. Maurel lors de la séance « Généalogies du glanage » du séminaire « Glanage », organisé par F. Roussel et F. Paddeu, 9 octobre 2020, MSH Paris Nord.

188. Voir les travaux de S. Maccagnan sur l'histoire du droit du loup : « La gestion de la présence des loups dans les Alpes-Maritimes au 19e siècle », in J.-M. Moriceau (dir.), *Vivre avec le loup ? Trois mille ans de conflit*, Tallandier, 2014, p. 89-104 ; « La protection contre les "animaux nuisibles" dans les Alpes-Maritimes au 19e siècle », in M. Ortolani (dir.), *Protection et valorisation des ressources naturelles dans les États de Savoie*, Serre éd., 2014, p. 405-421.

189. J.-J. Jusserand, *op. cit.*, p. 143-145. F. Eugenio, G. Cavaglieri, *op. cit.*, p. 31-32.

190. Celui commis par l'humain sans terre et sans aveu, qui n'étant au service d'aucun autre, demeurait soumis à la rigueur des lois contre le vagabondage (F. Eugenio, G. Cavaglieri, *op. cit.*, p. 31-32.

191. Sur la porosité entre les figures de l'*homo sace*r, de l'*outlaw* (le hors-la-loi) ou du *friedlos* (le sans paix) et celle du *wargus* ou loup, au travers du loup-garou ou de l'homme-loup, voir G. Agamben, *op. cit.*, 115-121 et s.

192. Voir B. Morizot, *Les Diplomates : cohabiter avec les loups sur une autre carte du vivant*, Wildproject, 2016.

193. Héritages au sens de fonds de terre, et pour reprendre le vocabulaire du Code civil de 1804.

194. Voir, notamment, les articles L. 371-1 à L. 371-6 du Code de l'environnement.

195. La trame brune intéresse les sols ; la trame noire renvoie à la qualité du ciel étoilé (et elle se trouve d'ores et déjà reconnue dans le Code de l'environnement) ; la trame turquoise concerne la ripisylve.

196. Voir, notamment, les articles L. 414-1 à L. 414-7 du Code de l'environnement.

197. Arrêté portant création d'une zone de protection du biotope des combles de l'église Saint-Rémi de Camaret-sur-mer du 12 janvier 2001, cité par M. Bonnin, *op. cit.*, p. 234, n° 662.

198. M. Duperrex, « D'une passe à poissons. Milieux et technique en Anthropocène », *Techniques & Culture*, mis en ligne le 3 juillet 2019.

199. Voir, notamment, les articles L. 411-5 et L. 411-6 du Code de l'environnement.

200. G. Clément, *Éloge des vagabondes : herbes, arbres et fleurs à la conquête du monde*, éd. Nil, 2002.

201. M. Duperrex, *Voyages en sol incertain : enquête dans les deltas du Rhône et du Mississippi*, Wildproject, 2019.

202. R. Larrère, communication orale, automne 2020.

203. Pensons à l'échappée de huit loups du parc Alpha, parc zoologique (ICPE) situé en plein cœur du parc national du Mercantour (PNM), à l'occasion de la tempête Alex en octobre 2020.

204. Voir les travaux en cours ou « cow-working » de L. Carlotti et M. Duperrex. On s'est laissé raconter que ces bêtes seraient d'abord acquises par des éleveurs aux fins de satisfaire aux exigences de la politique agricole commune et obtenir des subventions européennes. Après quoi, ces animaux seraient relâchés « dans la nature ». Sur le fondement d'un droit autochtone ou indigène corse, le bétail abandonné servirait à l'occasion de monnaie d'échange en compensation de préjudices, c'est-à-dire pour le règlement de litiges dans le cadre, notamment, de conflits de voisinage.

205. Ch. Stépanoff, *op. cit.*, p. 258-250.

206. En ce sens, l'historien A.-D. Houte observe, à la fin de son livre intitulé *Propriété défendue : la société française à l'épreuve du vol (19e-20e siècles)*, Gallimard, 2021, un renouveau de l'intérêt pour le droit de glaner, soit pour le droit de recueillir, une fois les récoltes faites, de manière diurne, et sauf arrêté municipal contraire, et encore à la condition que le terrain ne soit pas clôturé, les épis de maïs ou de blé restants, par exemple, dans les champs.

Chapitre 2 • Déambuler, cheminer, circuler : une ligne de partage des droits

207. M. Bréal, « Mémoire sur l'origine des mots *fas*, *jus* et *lex* », Mémoires de l'Institut national de France, 1891, tome 32, 2e partie, p. 1-12.

208. C. Schmitt, *op. cit.*, p. 85.

209. *Ibid.* p. 74.

210. G. Deleuze et F. Guattari, *op. cit.*, p. 472.

211. C. Schmitt, *op. cit.*, p. 78.

212. G. Deleuze et F. Guattari, *op. cit.*, p. 472.

213. C. Schmitt, *op. cit.*, p. 86.

214. G. Deleuze et F. Guattari, *op. cit.*, p. 472.

215. *Ibid.*

216. B. Latour, *Où atterrir ? Comment s'orienter en politique*, La Découverte, 2017.

217. G. Deleuze et F. Guattari, *op. cit.*, p. 472.

218. A. Supiot, « L'inscription territoriale des lois », *Esprit*, novembre 2008, p. 151-170, spéc. p. 164-165.

219. P. Clastres, *La Société contre l'État*, Les Éditions de Minuit, 2011 [1974], chapitre 11 ; J.-C. Scott, *Zomia ou l'art de ne pas être gouverné*, Seuil, 2013. Contra, toutefois, Ph. Descola (« Les usages de la terre », Cours au Collège de France 2015-2016, p. 481-497).

220. A. Supiot, *loc. cit.*, p. 165-166.

221. *Ibid.*, p. 166.

222. *Ibid.*

223. *Ibid.*

224. Ex-article 174 du Traité instituant la Communauté européenne (TCE).

225. Sans doute, le nouvel article L. 642-3 du Code des transports, issu de la loi Climat et résilience du 22 août 2021, interdit-il « les services réguliers de transport aérien public de passagers concernant toutes les liaisons aériennes à l'intérieur du territoire français dont le trajet est également assuré sur le réseau ferré national sans correspondance et par plusieurs liaisons quotidiennes d'une durée inférieure à deux heures trente ». Mais, en pratique, la mesure française n'aura produit aucun effet, ainsi que le relève la décision d'exécution de la Commission européenne du 1er décembre 2022 (2022/2358).

226. L. Fonbaustier, *op. cit.*, p. 67-68.

227. F. Valguarnera, *Accesso alla natura tra ideologia e diritto*, G. Giappichelli ed., 2013.

228. Pour reprendre les mots de Michel Foucault dans *Les Hétérotopies*, France Culture, 7 décembre 1966 ; et dans M. Foucault, « Des espaces autres », *Empan*, 2004, vol. 2, n° 54, p. 12-19.

229. J.-P. Beurier, préface à la thèse de M. Bonnin (*Les Corridors écologiques : vers un troisième temps du droit de la conservation de la nature*, L'Harmattan, 2008, p. 8 et p. 18-19).

230. *Ibid.*, p. 132.

231. T. Ingold, « Connecter, traverser, longer », *Une brève histoire des lignes*, Zones sensibles, 2011.

232. *Ibid.*

233. *Ibid.*

234. Articles R. 371-18 et Art. R. 371-19 du Code de l'environnement.

235. Qui se sont tenues à l'UNESCO en 1995.

236. B. Kalaora, préface à P. Le Louarn, *Le Droit de la randonnée pédestre. Liberté et responsabilité des randonneurs : droit d'accès à la nature, protection des milieux naturels*, 2e éd., Victoires, 2011, p. 13 et p. 20.

237. P. Le Louarn, *op. cit.*, p. 50-51.

238. *Ibid.*, p. 12.

239. J. de Malafosse, « La protection des voies de cheminement ou le droit à la promenade », *Gazette du Palais*, 24 mai 1977, p. 281.

240. *Ibid.*

241. P. Le Louarn, *op. cit.*, p. 50-51.

242. P. Le Louarn, *op. cit.*, p. 295-296.

243. T. Ingold, *op. cit.*, p. 102.

244. T. Ingold, *op. cit.*, p. 110-111.

245. *Ibid.*

246. J. Ivanoff, « La technologie symbolique chez les Moken. L'histoire d'un *mo* », *Techniques & culture*, 2001, n°s 35-36, p. 199-231 ; J. Ivanoff, « Équilibre paradoxal : sédentarité et sacralité chez les nomades marins moken », *Bulletin de l'École française d'Extrême-Orient*, 1992, vol. 79, n° 2, p. 103-130.

247. Ph. Descola, *loc. cit.*, version audio du cours.

248. Ph. Descola, *loc. cit.*, p. 484.

249. G. Deleuze, F. Guattari, *op. cit.*, p. 472.

250. Ph. Descola, *loc. cit.*, p. 486.

251. *Ibid.*

252. *Ibid.*, p. 491.

253. *Ibid.*

254. Pour reprendre l'expression de M. Xifaras (*La Propriété : étude de philosophie du droit*, PUF, 2004).

255. Ph. Descola, *loc. cit.*, p. 482.

256. W. Hohfeld, « Some Fundamental Legal Conceptions as Applied in Judicial Reasoning », *Yale Law Journal*, 1913, n° 23, p. 16-59.

257. K. Marx, *op. cit.*

258. Sur ce point, je me permets de renvoyer à mon essai, *Des choses de la nature et de leurs droits*, Quæ, 2020.

259. Ph. Descola, *loc. cit.*, p. 491.

260. E. Ostrom, *Gouvernance des biens communs : pour une nouvelle approche des ressources naturelles*, Deboeck, 2021 [1990].

261. Sur la propriété comme droit à la subsistance, voir Y. Bosc, *La Terreur des droits de l'homme : le républicanisme de Thomas Paine et le moment thermidorien*, Kimé, 2016.

262. Les incursions juridiques sont, en effet, très nombreuses (Ch. Stépanoff, *L'Animal et la mort : chasses, modernité et crise du sauvage*, La Découverte, 2021). Sur la chasse à courre ou vénerie, voir aussi le documentaire réalisé par A. Diop, *Nous*, 2020.

263. A.-D. Houte, *op. cit.*, p. 72-80.

264. Voir l'arrêt rendu par la Cour de justice de l'Union européenne, le 11 juin 2020, affaire C-88/19. Voir *supra* chapitre 1.

265. Voir la servitude de passage sur les champs de neige.

266. L. Foisneau, *Kumpania : vivre et résister en pays gadjo*, Wildproject, 2023.

267. Y. Moreau, *Vivre avec les catastrophes*, PUF, 2017 ; A.-L. Tsing, *Le Champignon de la fin du monde, op. cit.*

268. Ph. Descola, *loc. cit.*, 2015.

269. Pour autant, nous n'avons pas la naïveté de croire que le nomadisme soit « naturellement » ou « essentiellement » écologique, comme nous l'expliquon, dans l'introduction du chapitre 1.

270. Voir, notamment, la Convention sur la diversité biologique de 1992.

271. Voir *Les choses saisies par la propriété*, IRJS, 2012 ; *La Propriété de la terre*, Wildproject, 2018.

272. Y. Bosc, *op. cit.*

Chapitre 3 • Le Pecq contre Bézuchet : du paysage aux servitudes de passage

273. Un paysage signifie une « partie de territoire telle que perçue par les populations, dont le caractère résulte de l'action de facteurs naturels ou humains et de leurs interrelations », stipule la Convention européenne du paysage.

274. A. Rey (dir), *Dictionnaire historique de la langue française*, Le Robert, 2006.

275. L'adjectif « prédial » vient du latin *praedium* et signifie héritage. Le mot héritage désigne, quant à lui, un fonds de terre, c'est-à-dire une terre qui est cultivée ou sur laquelle on bâtit. On parle de servitudes prédiales, de services fonciers ou de servitudes réelles. L'adjectif « réelles » renvoie alors au mot *res* qui, en latin, signifie chose.

276. L'article 637 du Code civil dispose qu'« une servitude est une charge imposée sur un héritage pour l'usage et l'utilité d'un héritage appartenant à un autre propriétaire ». Ainsi une servitude de passage est une obligation imposée à un fonds de terre, le fonds servant, pour l'usage et l'utilité d'un autre fonds de terre, le fonds dominant.

277. Pour reprendre le titre de G. Clément, *op. cit.*

278. En écho aux sédiments de M. Duperrex, *Voyages en sol incertain*, *op. cit.*

279. G. Deleuze et F. Guattari, *op. cit.*, p. 434-527. Voir *supra* chapitre 2.

280. *Ibid.*

281. S. Rodotà, « Vers les biens communs. Souveraineté et propriété au 21e siècle », *Tracés*, p. 211-232.

282. R. Solnit, *L'Art de marcher*, traduit par O. Bonis, Actes Sud, 2002, p. 214-218.

283. E.-P. Thompson, « Coutume, droit et droits collectifs », in *Les Usages de la coutume : Traditions et résistances populaires en Angleterre; 17e-19e siècles*, EHESS/Gallimard/Seuil, 2015, p. 155-249.

284. *Ibid.* p. 171-172.

285. R. Solnit, *op. cit.*, p. 214-218.

286. Voir É. Hache, *Ce à quoi nous tenons : propositions pour une écologie pragmatique*, La Découverte, 2011, p. 202-214.

287. G.-S. Alexander, « The sporting life: democratic culture and the historical origins of the scottish right to roam », *University of Illinois Law Review*, 2016, p. 321-370.

288. *Ibid.*, *loc. cit.*, p. 330.

289. C'est-à-dire les communaux qui ne se réduisent pas à des biens appartenant aux collectivités territoriales des communes, mais qui participent de la vie des communautés villageoises. C'est parfois encore le cas, en France, au sein des sections de communes, ces propriétés collectives de villages.

290. Le Bruit du frigo a été créé par G. Farage et Y. Detraz.

291. Y. Detraz, *Zone sweet zone : la marche comme projet urbain*, Wildproject, 2020, p. 14.

292. Alors étudiant en dernière année de l'école d'architecture de Bordeaux.

293. *Ibid.*, p. 17, 34.

294. *Ibid.*, p. 36-37.

295. *Ibid.*, p. 36, 105.

296. *Ibid.*, p. 45 et s., spéc. p. 73.

297. Moïse de Ravenne fut expert en droit canonique, archidiacre de Verceil puis archevêque de Ravenne à partir de 1144 (Voir Y. Thomas, « L'extrême et l'ordinaire. Remarques sur le cas médiéval de la communauté disparue », *Les Opérations du droit*, *op. cit.*, p. 209).

298. Y. Thomas, *loc. cit.* La théorie renvoie à une manière non occidentale moderne ou non subjectiviste de concevoir le droit en ce qu'elle autorise le rattachement de droits à d'autres êtres que les humains, en particulier à des fonds de terre.

299. Y. Detraz, *op. cit.*, p. 127, notamment.

300. L. Astruc et V. Solon, *Traité des servitudes réelles*, J. Renous et Cie, 1841, p. 13-14. La servitude *actus* était « le droit de conduire une bête de charge, ou une voiture par le fonds d'autrui ». Quant à la servitude *via*, elle était « le droit d'aller et de venir par les fonds d'autrui, et d'y conduire des bêtes de charge et des chariots, car cette servitude » renfermait les deux précédentes, *actus* et *iter*.

301. Ch.-P.-V. Bouillier, *Des servitudes de passage*, A. Parent, 1873, p. 11.

302. Voir l'entretien introductif.

303. Une traboule désigne « une voie réservée aux piétons, souvent étroite, débutant par un couloir d'entrée et traversant un ou plusieurs bâtiments pour relier une rue à une autre » (A. Danis-Fatôme, « Vieux-Lyon », in M. Cornu, F. Orsi, J. Rochfeld [dir.], *Dictionnaire des biens communs*, PUF, 2017).

304. Recueil Sirey, 23 février 1809, tome XI, 1811, p. 283-287 ; L.-M. Devilleneuve, *Recueil général des lois et des arrêts avec notes et commentaires, 1re série 1791-1830*, p. 26-27 ; Recueil Dalloz, tome XII, 1824-1830, p. 1014-1015.

305. Le 26 août 1807, le sieur Bézuchet était déchargé des condamnations auparavant prononcées contre lui, et maintenu dans les propriété et possession de l'avenue qui conduisait à sa maison de Grand Champ, pendant qu'il était fait défense « aux habitans de la commune du Pecq et à tous autres, de porter aucune atteinte à la propriété dudit Bézuchet, de quelque manière que ce soit et de s'arroger aucun chemin ni passage sur ladite avenue ». Le maire de la commune du Pecq se pourvut alors en cassation.

306. Parce que les servitudes de passage sont des servitudes discontinues (c'est-à-dire qu'elles ont besoin d'une action humaine pour être exercées), elles ne peuvent être acquises par usucapion, c'est-à-dire *via* la possession, soit par un long usage dans le temps, même immémorial (article 691 du Code civil).

307. L'article 649 du Code civil dispose que « les servitudes établies par la loi ont pour objet l'utilité publique ou communale, ou l'utilité des particuliers ». L'article 650 du même Code prévoit que « tout ce qui concerne cette espèce de servitude est déterminé par des lois ou des règlements particuliers ». Enfin, l'article 682 énonce que « le propriétaire dont les fonds sont enclavés et qui

n'a sur la voie publique aucune issue, ou qu'une issue insuffisante, soit pour l'exploitation agricole, industrielle ou commerciale de sa propriété, soit pour la réalisation d'opérations de construction ou de lotissement, est fondé à réclamer sur les fonds de ses voisins un passage suffisant pour assurer la desserte complète de ses fonds, à charge d'une indemnité proportionnée au dommage qu'il peut occasionner ».

308. Voir l'article L. 2131-2 du Code général de la propriété des personnes publiques.

309. Voir les articles L. 121-31 à L. 121-37 du Code de l'urbanisme.

310. Pour reprendre le titre de *Sur les chemins noirs* de S. Tesson (Gallimard, 2016).

311. En effet, la servitude *iter*, mais aussi la servitude *actus* n'impliquent nullement, en droit romain, l'existence d'un chemin sur le fonds servant. Ils peuvent s'exercer à travers champs pourvu qu'on n'endommage pas les récoltes (Ch.-P.-V. Bouillier, *op. cit.*, p. 15).

312. Voir *infra* chapitre 4.

313. Cet article dispose que lorsqu'une eau courante, indépendante du domaine public, borde une propriété, celui dont cette eau traverse le fonds peut « en user dans l'intervalle qu'elle y parcourt, mais à la charge de la rendre, à la sortie de ses fonds, à son cours ordinaire ».

314. Voir, par exemple, l'article 8-h de la Convention sur la diversité biologique de 1992.

315. Voir Y. Thomas, « L'institution juridique de la nature. Remarques sur la casuistique du droit naturel à Rome », *Les Opérations du droit*, *op. cit.*, p. 21-40.

316. Voir *infra* chapitre 5.

Chapitre 4 • Rome contre Borghèse : la reconnaissance d'un possible droit de déambuler

317. Ce récit a été écrit à partir des textes suivants : I. Alibrandi, *Nella causa per la Villa Borghese. Voto*, Tip. C. Battisti, 1885 ; G. Biroccini, *Dissertazione su Villa Borghese. Letta in arcadia dall'Avv. Giuseppe Birocchini il I giugno 1886*, Forzani e C. tip. Del Senato, 1886 ; Gennarelli, *La Villa Pinciana e i diritti del popolo romano sulla medesima, nuova memoria*, 1885 ; Corte di cassazione di Roma, sezione civile, *Comune di Roma e principe Borghese/sentenza della Corte di cassazione di Roma*, 15 marzo 1887, registrata a Roma. Vol. 154, n° 6690, Atti giudiziarii. Esatte L. 24, Tip. F.lli Bencini, 1887 ; C. Maes, *La questione di Villa Borghese. Dichiarata a tutti colla scorta dei documenti in 4 articoli monografici*, Tipografia Fratelli Pallotta, 1885 ; A. Mari, R. Bevilacqua, C. Kambo, Gabrielli-Vaselli, *In difesa del diritto di uso pubblico del comune del popolo di Roma sulla villa Borghese. Discorso pronunciato dall'avvocato P.S. Mancini avanti il tribunale civile di Roma nell'udienza del 10 novembre 1885*, raccolto stenograficamente, Tipografia Fratelli Pallotta, 1885 ; P.-S. Mancini, L. Meucci, *Il popolo romano sulla villa borghese in giudizio possessorio*, Suprema Corte di cassazione in Roma, Miraglia, G., senatore del regno, primo presidente, memoria, Roma, tipografia dei fratelli Bencini, 1886 ; L., Meucci, *Il diritto del popolo romano sulla villa bor-*

ghese in giudizio di reintegrazione ; L. Meucci, P.-S. Mancini, *Un'ultima parola in difesa dell'universalità degli abitanti del Comune di Roma nel giudizio possessorio pel diritto di uso pubblico sulla villa Borghese,* Fratelli Pallotta, 1887 ; P.-S. Mancini, L. Meucci, *Il diritto del popolo romano sulla Villa Borghese in giudizio di reintegrazione in grado di appello*, memoria, Tipografia Fratelli Pallotta, 1885 ; P.-S. Mancini, L. Meucci, C. Rebecchini, *Note di replica dopo la discussione. Comune di Roma – Principe Borghese, eccellentissimo tribunale civile di Roma,* 1885 ; A. Mari, *Voto sulla questione della pretesa servitù pubblica nella Villa Borghese,* 1885 ; O. Marucchi, *Nella causa per la Villa Borghese. Voto archeologico*, Tip. C. Battisti, 1885 ; L. Passarini, *La questione di Villa Borghese*, tip. Editrice industriale, 1885 ; Pretura del terzo Mandamento di Roma, *Nella causa civile in punto di reintegrazione o manutenzione di preteso uso di pubblico passeggio nella Villa Borghese fra l'Eccmo Comune di Roma, Attore, e l'Eccmo Principe D. Marc Antonio Borghese, Convenuto. Documenti.* Roma, tip Battisti, 1885 ; *Regio Tribunale Civile di Roma in grado di appello nella causa in punto di reintegrazione o manutenzione di preteso uso di pubblico passeggio nella Villa Borghese,* documenti, Tip. C. Battisti Circo Agonale, 1885 ; L. Vicchi, *Villa Borghese nella storia e nella tradizione del popolo Romano*, Roma, Forzani ec., 1885 ; Mari-Kambo, *Regio Tribunale Civile di Roma in grado di appello. Nella causa in punto di reintegrazione e manutenzione di preteso uso di pubblico passeggio nella Villa Borghese,* 1885 ; Mari-Kambo, *Note alla discussione*, Roma, Battisti, 1885.

Ont, par ailleurs, été consultés : G. Landi, V. Pecile, « Villa Borghese », in *Dictionnaire des biens communs*, *op. cit.* ; D. Pertica, *Villa Borghese*, Nuova editrice Spada, 1990 ; P. Della Pergola, *Villa Borghese*, istituto poligrafico dello stato, 1962 ; A. Di Porto, « Destinazione all'uso pubblico e beni comuni nella giurisprudenza ordinaria dell'Italia unita. Da « Villa Borghese » (1887) alle « Valli da pesca veneziane (2011) », in Consiglio Superiore della Magistratura, *La Magistratura ordinaria nella storia dell'Italia unita. Atti del Convegno di Studi del CSM*, G. Giappichelli Editore, 2012 ; F. Laffaille, « Biens publics, biens communs, fonction sociale de l'État. La lagune de Venise et le statut des *Valli salse di pesca* », *Revue internationale de droit comparé*, 2016, vol. 68, n° 3, p. 681-698 ; *Ex SNIA*, https://lagoexsnia.wordpress.com, *Lago Bullicante – Ex SNIA*, Rome ; Stalker con Scuola di Urbanesimo Nomade e NoWorking Media Lab, 23-24-25 settembre 2022, *Water walk 3 Camminata a Roma Ovest* ; G. Monsaingeau, « La marche est-elle un sport de combat ? », in *Les Carnets du paysage : la marche*, 2021, n° 39, Actes Sud – École nationale supérieure de paysage, p. 11-26 ; M., Spanò, « "Perché non rendi poi quel che prometti allor ?" Techniche e idelologie della giuridificazione della natura », in Y. Thomas, L. Chiffoleau, *L'istituzione della natura, A cura e con un saggio di Michele Spanò*, Quodlibet, 2020 ; Ph. Descola, entretien accordé au *Monde*, paru le 28 août 2019, p. 23 ; F. Valguarnera, *op. cit.*

318. R. Bevilacqua, C. Kambo, G.-C. Gabrielli-Vasselli, *Regia Pretura del III. Mandamento per S.E. il Principe Don Marc'Antonio Borghese Reo Convenuto, rappresentato dal Proc. Avv. Giulio Cesare Gabrielli-Vasselli contro l'Eccmo Comune di Roma e per esso il Sindaco ff. S.E. il Duca Don Leopoldo Torlonia, Attore rappresentato dal Proc. Avv. Signor Cesare Rebecchini. Comparsa per conclusioni*, Roma, 21 giugno 1885, p. 9-22.

319. *Ibid.*

320. La loi n° 2015-177 du 16 février 2015 relative à la modernisation et à la simplification du droit et des procédures dans le domaine de la justice et des affaires intérieures a supprimé les actions possessoires du droit français.

321. La réintégrande est une action par laquelle une personne est réintégrée dans la jouissance d'un bien qui lui a été enlevée. Une action possessoire, elle, a été supprimée en droit français.

322. Afin d'accroître ses chances de l'emporter, la commune demanderesse agit et sur le fondement de la réintégrande, et sur celui de l'action en maintenance.

323. À l'époque, le magistrat chargé de statuer en première instance était un préteur. En l'espèce, ce fut, plus précisément, le préteur du troisième mandement de Rome qui examina l'affaire.

324. Le tribunal civil de Rome statua en deuxième ressort, en tant que juge d'appel.

325. Enregistrée le 15 mars 1887, la décision fut rendue par la Cour de cassation de Rome.

326. Pour le dire avec les mots de Y. Thomas (« L'extrême et l'ordinaire. Remarques sur le cas médiéval de la communauté disparue », in M.-A. Hermitte et P. Napoli [coord.], *Les Opérations du droit*, *op. cit.*), la conception juridique occidentale moderne est organisée autour de la confrontation du libre vouloir du sujet de droit et de l'entière disponibilité des objets de droit, soit de l'opposition entre des sujets et des objets de droit, et elle est orientée vers la circulation des biens, objets de droit. Dans la conception médiévale, les règles de droit visent la stabilité des situations juridiques, et elles sont organisées autour des choses (*rei*). D'où le terme de réicentrisme forgé par P. Grossi (voir *L'ordine giuridico medievale*, Laterza, 1995) pour décrire le système juridique médiéval.

327. Il me faut toutefois signaler ici quelques réserves au sujet de mon propre travail : tout s'est passé comme si j'avais redécouvert dans ce dossier la théorie médiévale de Moïse de Ravenne, soit la possibilité d'attribuer des droits à des choses situées en des lieux, sur laquelle se termine mon premier essai : *La Propriété de la terre*, et sur laquelle s'ouvre le deuxième : *Des choses de la nature et de leurs droits*, de sorte que je ne sais pas si je n'ai fait que trouver ce que j'avais, comme par avance, postulé devoir trouver ou s'il s'agit d'une confirmation sérieuse d'hypothèses déjà avancées : la conception non subjectiviste – je fais référence aux travaux de M. Villey (*La Formation de la pensée juridique moderne*, PUF, 2023 [1986]) –, mais réicentriste – (pour reprendre l'expression de P. Grossi, *op. cit.*, voir note ci-dessus) – pourrait être utilement réactivée pour la proclamation de droits de la nature et la formation de communs en dehors du cadre occidental moderne, c'est-à-dire en rompant avec la manière de vivre et de penser que l'on peut raisonnablement considérer à l'origine de la condition écologique précaire qui paraît être désormais la nôtre sur Terre.

328. Dans sa présentation desdits droits d'usage civiques (« Droits civiques d'usage [Italie], in *Dictionnaire des biens communs*, *op. cit.*), P. Grossi commence par relever leur rémanence en dépit de l'effort de « liquidation », et même de « persécution acharnée » dont ils firent l'objet au 18e siècle. Il note que ces droits fonciers collectifs n'étaient pas la création de l'État, non plus d'aucun législateur, mais des populations locales, et existaient d'abord sous forme orale. Dans le cas de la villa Borghèse, le droit oral et informel des citadins de se promener

apparaît précisément comme l'un de ces droits civiques d'usage subsistants.

329. Sur le fondement de l'article 544 du Code civil, la propriété est classiquement définie comme un droit absolu au sens d'un droit non seulement opposable à tous, mais aussi illimité, perpétuel et exclusif. Dans sa présentation de ce modèle propriétaire, dit de la « maîtrise souveraine », M. Xifaras parle d'un entrelacs des absolus (*op. cit.*). La présentation de la propriété comme d'un droit repoussoir d'autrui est oralement faite par Th. Revet pour expliquer le sens de cette exclusivité.

330. Je me permets ici de m'exprimer dans les termes de la conception de la propriété comme habitation, développée dans ma thèse de doctorat, *Les Choses saisies de la propriété* (préface de Th. Revet, Institut de recherches juridiques de la Sorbonne, 2012) et déclinée en droit de l'environnement dans *La Propriété de la terre* (Wildproject, 2018). Ce phénomène des villas ouvertes me semble fournir une nouvelle illustration du bien-fondé de cette proposition de définir les choses comme des milieux, les personnes comme des habitants des choses, les droits ou biens comme des places dans les choses, et la propriété comme un droit d'habiter les choses de manière privilégiée, c'est-à-dire avec titre ou droit. Dans cette conception, en effet, les choses ne sont jamais entièrement absorbées par la propriété (ou incorporées dans la propriété) ; elles demeurent toujours, dans une certaine mesure, à l'usage de tous.

331. L'affaire Rome contre Borghèse n'était pas sans précédents et, dans leurs conclusions, les avocats ne manquaient pas de les citer et commenter. Il était notamment fait référence à l'affaire du palais Brignole et de sa bibliothèque, sis dans la ville de Gênes. Dans ses conclusions devant la haute juridiction, Mancini rappelait que la propriétaire de ce monument d'art et d'architecture l'avait légué en fidéicommis à sa sœur et à son neveu avec cette condition qu'il demeurât affecté au prestige et à l'ornement de la ville ou *urbs*. Dans leur décision du 14 mai 1870, les premiers juges devaient considérer que le domaine se trouvait grevé d'un droit en faveur du public, c'est-à-dire des habitants de la ville, et qu'il était destiné à l'utilité publique. Par un arrêt du 21 juillet 1871, la cour d'appel de Gênes confirmait que la commune éponyme, comprise telle une universalité d'habitants, possédait un droit d'accès au domaine privé.
Une autre décision était rappelée : celle du droit d'accès de la Ville de Bologne à la galerie des héritiers Zambeccari. Le 4 mai 1876, le tribunal de Bologne avait considéré que les habitants de cette ville détenaient un droit d'usage perpétuel en la galerie Zambeccari. La cour d'appel de Bologne avait inversement conclu qu'avec la loi abolissant les fidéicommis, la galerie se trouvait libérée du droit qui la grevait. Toutefois, le 3 mars 1880, la Cour de cassation de Rome avait annulé l'arrêt rendu en appel, puis renvoyé l'affaire devant la cour d'appel d'Ancône. Celle-ci avait alors admis que l'héritage Zambeccari se trouvait grevé d'une servitude perpétuelle en faveur de la ville de Bologne. Il s'agissait, plus précisément, d'une servitude réelle puisque destinée à durer perpétuellement, à l'image de la cité que l'on pouvait qualifier d'éternelle dans la mesure où les êtres la composant se reproduisaient continuellement. Réciproquement : parce qu'une ville pouvait ne jamais mourir, il ne pouvait s'agir d'une servitude personnelle, ces servitudes étant possiblement viagères et, en toute hypothèse, temporaires. Refusant cette solution, la famille Zambeccari avait exercé un second pourvoi devant la Cour de cassation de Rome, mais il fut

rejeté le 28 décembre 1882. Était, alors, consacrée l'existence d'une servitude perpétuelle d'usage public grevant un fonds privé au bénéfice d'une commune et pour l'utilité de tous les habitants d'une cité.

332. Dans le sens du *Trésor de la langue française* : « système de pensée qui considère que la nature est animée et que chaque chose y est gouvernée par une entité spirituelle ou âme ». Ce sens n'est pas celui, plus précis, de Ph. Descola (*op. cit.*) mais il se rapproche de celui de M.-A. Hermitte, lorsque la juriste appelle à l'élaboration d'un droit animiste (« Artificialisation de la nature et droit(s) du vivant », in Ph. Descola [dir.], *Les Natures en question*, Odile Jacob, 2018).

333. F. Valguarnera, *op. cit.*

334. L'article 691 du Code civil prévoit que « les servitudes continues non apparentes, et les servitudes discontinues apparentes ou non apparentes, ne peuvent s'établir que par titres » avant de préciser : la possession même immémoriale ne suffit pas pour les établir, sans cependant qu'on puisse attaquer aujourd'hui les servitudes de cette nature déjà acquises par la possession, dans les pays où elles pouvaient s'acquérir de cette manière ». Pour comprendre ces règles, encore faut-il connaître la signification des adjectifs « continues », « discontinues », « apparentes » et « non apparentes » : « Les servitudes continues sont celles dont l'usage est ou peut être continuel sans avoir besoin du fait actuel de l'homme : tels sont les conduites d'eau, les égouts, les vues et autres de cette espèce. Les servitudes discontinues sont celles qui ont besoin du fait actuel de l'homme pour être exercées : tels sont les droits de passage, puisage, pacage et autres semblables » (article 688 du Code civil). « Les servitudes apparentes sont celles qui s'annoncent par des ouvrages extérieurs, tels qu'une porte, une fenêtre, un aqueduc. Les servitudes non apparentes sont celles qui n'ont pas de signe extérieur de leur existence, comme la prohibition de bâtir sur un fonds, ou de ne bâtir qu'à une hauteur déterminée » (article 689 du Code civil).

335. A. Di Porto, « Destinazione all'uso pubblico e beni comuni nella giurisprudenza ordinaria dell'Italia unita. Da "Villa Borghese" (1887) alle "Valli da pesca veneziane (2011)" », *loc. cit.*

336. Cité par A. Di Porto, *loc. cit.*

337. Pour reprendre dans un sens positif, et non péjoratif, le titre de l'ouvrage *Le nouvel ordre écologique : l'arbre, l'animal et l'homme* de L. Ferry publié en 1992 aux éditions Grasset.

338. Ce droit existe en Suisse, en République tchèque, en Islande, en Autriche, en Écosse, Norvège, Suède, Finlande, Estonie et Biélorussie.

Chapitre 5 • L'observatoire du GR2013 : déambuler autour de la mer de Berre et du massif de l'Étoile

339. Selon le Code de l'environnement, les « paysages » sont des parties de territoires telles que perçues par les populations, « dont le caractère résulte de l'action de facteurs naturels ou humains et de leurs interrelations dynamiques (voir article L. 350-1 A du Code de l'environnement).

340. Pour reprendre l'intitulé de leur ouvrage *Paysages usagés*, Building Books, 2024.

341. Depuis la loi Biodiversité du 8 août 2016, l'article 1246 du Code civil dispose que « toute personne responsable d'un préjudice écologique est tenue de la réparer ». L'article 1248 du même Code précise que « l'action en réparation du préjudice est ouverte à toute personne ayant qualité et intérêt à agir *telle que* l'État [ou] l'Office français de la biodiversité » (c'est nous qui soulignons). Les promeneurs et amateurs de paysage ne sont pas mentionnés, mais la liste des personnes ayant qualité et intérêt à agir en réparation du préjudice écologique n'apparaît pas fermée, de sorte que nous pensons qu'ils pourraient être autorisés à agir pour la protection des paysages, lesquels participent du patrimoine naturel et culturel commun de la nation.

342. Article L. 1110-1 du Code de l'environnement.

343. Pour une telle approche ou vision, voir B. Lanaspeze avec le Cercle des Marcheurs : *GR2013, Marseille-Provence, Sentier métropolitain autour de la mer de Berre et du massif de l'Étoile*, TopoGuides, Wildproject et Fédération française de randonnée, 2013, p. 16 : « Paysage plié, déplié, replié, redéplié. Aux articulations usées. Paysage ridé, plissé [...]. Un paysage bon à jeter. *Ou une œuvre d'art ultime* » (c'est nous qui soulignons).

344. Voir *supra* Invocation à Hermès.

345. Article L. 2131-2 du Code de propriété des personnes publiques.

346. Voir la décision du 12 juillet 1979 du Conseil constitutionnel qui a reconnu une valeur constitutionnelle à la liberté d'aller et venir en la rattachant aux articles 2 et 4 de la Déclaration des droits de l'homme et du citoyen de 1789.

347. Article L. 110-1 III du Code de l'environnement.

348. Le ministre chargé de l'environnement est actuellement « ministre de la Transition écologique et de la Cohésion des territoires », aux côtés de la « ministre de la Transition énergétique ».

349. Sur le droit à l'existence ou à la subsistance, voir les écrits de Y. Bosc, par exemple, *La Terreur des droits de l'homme*, *op. cit.*, p. 298.

350. La possession prolongée d'un immeuble peut aboutir à la transformation du pouvoir de fait, la possession, en pouvoir de droit, la propriété, par la prescription acquisitive ou usucapion. La prescription acquisitive est définie à l'article 2258 du Code civil comme « un moyen d'acquérir un bien ou un droit par l'effet de la possession sans que celui qui l'allègue soit obligé d'en rapporter un titre ou qu'on puisse lui opposer l'exception déduite de la mauvaise foi ».

351. Parce qu'ils appartiennent au domaine privé des communes (article L. 161-1 du Code rural), les chemins ruraux ne sont pas inaliénables et imprescriptibles comme les voies appartenant au domaine public. Aussi, peuvent-ils faire l'objet de la prescription acquisitive prévue à l'article 2272 du Code civil, soit de l'appropriation, par exemple de particuliers, du fait de leur occupation prolongée dans le temps. Pour les faire échapper à l'usucapion et éviter leur progressive disparition, la proposition avait été faite de rendre ces sentiers imprescriptibles. Ainsi, les parlementaires tentèrent d'adopter des mesures protectrices à l'occasion de l'adoption de la loi Biodiversité du 8 août 2016. Mais par une décision du 4 août 2016, le Conseil constitutionnel censura les dispositions relatives aux chemins ruraux au motif que ces dernières étaient sans « lien, même indirect » avec le projet de loi originel, soit avec la protection

de la biodiversité (!). Une deuxième tentative fut faite à l'occasion du vote de la loi Climat et résilience du 22 août 2021, mais là encore le Conseil constitutionnel censura les dispositions relatives aux chemins ruraux le 13 août 2021, considérant une nouvelle fois qu'il s'agissait là d'un cavalier législatif. Voir sur cette question, M. Boul, « Loi 3D(s) : les chemins ruraux en réalité augmentée », *Droit et Ville*, 2022, vol. 2 n° 94, p. 121-134.

352. Il s'agit de la loi n° 2022-217 du 21 février 2022 relative à la différenciation, la décentralisation, la déconcentration et portant diverses mesures de simplification de l'action publique locale (dite loi 3DS). Pour l'application de ces dispositions, un décret n° 2022-1652 du 26 décembre 2022 relatif aux modalités de l'enquête publique portant sur le recensement des chemins ruraux et un arrêté du 16 février 2023, précisant le contenu du tableau récapitulatif du recensement des chemins ruraux, ont été adoptés.

353. Il faut toutefois préciser que les chemins ruraux se trouvent, dans une certaine mesure, protégés lorsqu'ils sont intégrés dans un plan départemental des itinéraires de promenade et de randonnée. L'article L. 361-1 al. 3 du Code de l'environnement dispose, en effet : « Tout acte emportant la disparition d'un chemin rural susceptible d'interrompre la continuité d'un itinéraire inscrit sur le plan départemental des itinéraires de promenade et de randonnée doit, à peine de nullité, comporter soit le maintien, soit le rétablissement de cette continuité par un itinéraire de substitution. Toute opération publique d'aménagement foncier doit également respecter ce maintien ou cette continuité. »

354. Voir la question écrite n° 04485, publiée le 22 décembre 2022 sur le site du Sénat, posée par Ch. Bilhac au ministre de la Transition écologique et de la Cohésion des territoires sur la « nécessaire préservation des chemins ruraux » et rappelant la « disparition de 200 000 kilomètres de chemins ruraux dans les soixante dernières années » et qui aurait conduit à l'inscription dans le Code rural « de nouvelles mesures visant à les préserver ».

355. L'article 544 du Code civil dispose : « La propriété est le droit de jouir et disposer des choses de la manière la plus absolue, pourvu qu'on n'en fasse pas un usage prohibé par les lois ou par les règlements. » Classiquement, le droit de disposer ou *abusus* s'entend d'un pouvoir de disposer juridiquement comme matériellement des choses que l'on dit appropriées. Cela signifie qu'en principe, un propriétaire peut librement aliéner la chose, par exemple la vendre, ou choisir de la détruire. Sur le droit, en particulier, d'attenter à la nature ou aux milieux naturels appropriés, voir M. Rémond-Gouilloud, *Du droit de détruire : essai sur le droit de l'environnement*, PUF, 1989.

356. L'article 583 alinéa 1 du Code civil dispose : « Les fruits naturels sont ceux qui sont le produit spontané de la terre [...] » Aussi, les végétaux qui ont poussé spontanément sont-ils des fruits naturels au titre de la loi.

357. En vertu de l'article 546 du Code civil, les propriétaires fonciers acquièrent-ils directement la propriété des végétaux qui poussent sur leur fonds.

358. Pour reprendre l'intitulé de la loi du 8 août 2016, dite loi Biodiversité.

359. Voir la loi n° 2021-1104 du 22 août 2021 portant lutte contre le dérèglement climatique et renforcement de la résilience face à ses effets.

360. L'article L. 411-1 I du Code de l'environnement dispose : « Lorsqu'un

intérêt scientifique particulier, le rôle essentiel dans l'écosystème ou les nécessités de la préservation du patrimoine naturel justifient la conservation [...] d'espèces végétales non cultivées et de leurs habitats, sont interdits [...] 2° la destruction, la coupe, la mutilation, l'arrachage, la cueillette ou l'enlèvement des végétaux de ces espèces [...] ». Mais encore faut-il que ces espèces végétales sauvages protégées figurent sur les arrêtés ministériels de protection afférents, en particulier, sur l'arrêté du 20 janvier 1982 fixant la liste de ces espèces sur l'ensemble du territoire et faisant, notamment, exception, à son article 2, pour les végétaux poussant sur des « parcelles habituellement cultivées » (une manière, peut-être, de tenir encore ferme la division entre nature sauvage et nature domestique).

361. Au sens de G. Agamben, *op. cit.*

362. L'article R 411-15 I du Code de l'environnement relatif aux mesures de protection de biotopes prévoit : « [...] on entend par biotope l'habitat nécessaire à l'alimentation, la reproduction, le repos ou la survie de spécimens d'une espèce figurant sur l'une des listes prévues à l'article R. 411-1 », relatif aux listes des « espèces animales non domestiques et des espèces végétales non cultivées faisant l'objet des interdictions définies par l'article L. 411-1 ». Voir sur ce point, R. Larrère, « La loi sur la protection des espèces sauvages : des mesures inefficaces, inadéquates... et pourtant bien utiles », *Économie rurale*, 2000, n° 260, « Le droit rural. Analyses économiques, juridiques, sociologiques », p. 126-134.

363. À l'exception notable, toutefois – surtout un terrain parsemé d'installations classées pour la protection de l'environnement et, de manière générale, dédié à l'industrie – « des habitations et des bâtiments [mais non des sols] à usage professionnel ».

364. Voir l'article L. 411-7 du Code de l'environnement.

365. Voir les alinéas 3, 4, 5, 6 et 7 de l'article L. 350-3 du Code de l'environnement.

366. Voir le décret n° 2023-384 du 19 mai 2023 relatif au régime de protection des allées d'arbres et alignements d'arbres bordant les voies ouvertes à la circulation publique. Le décret précise que l'abattage des arbres d'alignement est une compétence réservée aux préfets, et non aux maires, quand bien même les arbres concernés pousseraient sur le territoire de sa commune.

367. Voir l'article L. 341-1 du Code forestier.

368. G. Clément, *Éloge des vagabondes, op. cit.*

369. Voir *supra* chapitre 1.

370. Voir, par exemple, l'article 557 du Code civil.

371. Quid des pelouses, pauvres en biodiversité, et des terrains de golf, gourmands en eaux ? Quid, partant, du respect des libertés individuelles ? À l'évidence, la proposition demanderait à repenser le sens de l'émancipation individuelle.

372. Voir l'article L. 132-3 alinéa 1 du Code de l'environnement.

373. Voir l'article L. 371-1 du Code de l'environnement relatif à la Trame verte et bleue.

374. Article 13 de la Déclaration universelle des droits de l'homme de 1948 :

« 1. Toute personne a le droit de circuler librement et de choisir sa résidence à l'intérieur d'un État. 2. Toute personne a le droit de quitter tout pays, y compris le sien, et de revenir dans son pays. »

375. Voir la décision n° 2018-717/718 QPC du Conseil constitutionnel du 6 juillet 2018.

376. « Le principe de solidarité écologique » est celui « qui appelle à prendre en compte, dans toute prise de décision publique ayant une incidence notable sur l'environnement des territoires concernés, les interactions des écosystèmes, des êtres vivants et des milieux naturels ou aménagés » (article L. 110-1 II 6 du Code de l'environnement).

Chapitre 6 • Imbroglio légal : pour un droit commun d'accès à la nature

377. Loi n° 2023-54 du 2 février 2023 visant à limiter l'engrillagement des espaces naturels et à protéger la propriété privée, *Journal officiel de la République française*, 3 février 2023.

378. À son alinéa 2, l'article L. 372-1 précise que la règle limitant l'engrillagement, prévue à l'alinéa 1, ne s'applique néanmoins pas : « 1° Aux clôtures des parcs d'entraînement, de concours ou d'épreuves de chiens de chasse ; 2° Aux clôtures des élevages équins ; 3° Aux clôtures érigées dans un cadre scientifique ; 4° Aux clôtures revêtant un caractère historique et patrimonial ; 5° Aux domaines nationaux définis à l'article L. 621-34 du code du patrimoine ; 6° Aux clôtures posées autour des parcelles sur lesquelles est exercée une activité agricole définie à l'article L. 311-1 du Code rural et de la pêche maritime ; 7° Aux clôtures nécessaires au déclenchement et à la protection des régénérations forestières ; 8° Aux clôtures posées autour des jardins ouverts au public ; 9° Aux clôtures nécessaires à la défense nationale, à la sécurité publique ou à tout autre intérêt public. »

379. « Proposition de loi visant à limiter l'engrillagement des espaces naturels et à protéger la propriété privée », présentée par J.-N. Cardoux *et al.*, n° 43 rect. bis. Sénat, session ordinaire de 2021-2022.

380. Voir notamment les rapports sur la proposition de loi visant à limiter l'engrillagement des espaces naturels et à protéger la propriété privée faits au nom de la commission des affaires économiques par le sénateur L. Somon, enregistrée à la présidence du Sénat le 5 janvier 2022, et le rapport fait au nom de la commission des affaires économiques sur ladite proposition de loi, alors modifiée par l'Assemblée nationale, enregistré à la présidence du Sénat le 30 novembre 2022. Voir aussi le rapport fait au nom de la commission du développement durable et de l'aménagement du territoire sur ladite proposition de loi, alors adoptée par le Sénat, par le député R. Ramos, enregistré à la présidence de l'Assemblée nationale le 28 septembre 2022, et le rapport fait au nom de la commission du développement durable et de l'aménagement du territoire sur la proposition de loi, adoptée avec modifications par le Sénat en deuxième lecture, fait par le député R. Ramos, enregistré à la présidence de l'Assemblée nationale le 18 janvier 2023.

381. D. Stevens, M. Reffay, « L'engrillagement en Sologne : synthèse des effets et propositions. Appui au préfet de la Région Centre-Val de Loire », Rapport

CGEDD n° 012818-01, CGAAER n° 19062, août 2019, www.vie-publique.fr/files/rapport/pdf/272091.pdf

382. D. Stevens, M. Reffay, *loc. cit.*, p. 16.

383. L. Burgoa, propos repris dans « Comptes rendus analytiques officiels du 10 janvier 2022. Limiter l'engrillagement des espaces naturels et protéger la propriété privée », https://www.senat.fr/cra/s20220110/s20220110_1.html .

384. *Ibid.*

385. Commission des affaires économiques, Sénat, « L'essentiel sur... la proposition de loi visant à limiter l'engrillagement des espaces naturels et protéger la propriété privée », 2e lecture, 30 novembre 2022-6 décembre 2022, p. 1.

386. A.-M. Patault, *op. cit.*

387. Voir le rapport fait par L. Belluco, députée écologiste, au nom de la commission des lois constitutionnelles, de la législation et de l'administration générale de la République, sur la proposition de loi portant dépénalisation de l'accès à la nature (n° 1835), 25 mars 2024, p. 17.

388. Ainsi que l'a expliqué la députée écologiste L. Belluco au colloque qui s'est tenu le 28 mars, à l'Assemblée nationale, intitulé « Accès à la nature : état des lieux et perspectives », organisé par elle-même, députée de la Vienne, et J. Iordanoff, député de l'Isère.

389. Voir le rapport de L. Belluco, *loc. cit.*, p. 18.

390. G. d'Allens, « Vous balader en forêt vous expose désormais à une amende », *Reporterre*, 9 novembre 2023.

391. Dans un article intitulé « La propriété privée au secours des forêts », et traitant des initiatives de reprises de forêts par des collectifs pour permettre à celles-ci d'évoluer librement, L. Maurel observait en 2020 : il « paraît bien difficile de croire à la possibilité d'une généralisation de la stratégie du rachat des terres (comme dans le Vercors). Pour une forêt rachetée au nom du droit à la vie, combien seront conservées par des propriétaires que rien n'oblige à vendre et qui ont financièrement intérêt à continuer à exploiter les forêts [...] plutôt qu'à les céder ? » (L. Maurel, « La propriété privée au secours des forêts », *Terrestres*, 26 juin 2020, www.terrestres.org/2020/06/26/la-propriete-privee-au-secours-des-forets). L'histoire lui aura déjà donné raison, et ce, avec d'autant plus de rapidité que le législateur est ingénument – ou perfidement ? s'interrogent certains – venu prêter main-forte aux propriétaires privés d'espaces naturels pour lutter contre les intrusions de tiers humains et d'éventuels opposants à leurs projets.

392. « Nonobstant les dispositions antérieures [relatives au droit à la propriété] l'accès de tous à l'environnement naturel est garanti, conformément au droit d'accès au public. »

393. Pour une présentation des amendements : theconversation.com/quels-droits-pour-les-promeneurs-entre-droit-dacces-a-la-nature-et-propriete-privee-229418

394. https://www.legifrance.gouv.fr/codes/article_lc/LEGIARTI000047899987

395. La servitude de halage, également dite de marchepied (article L. 2131-2 du Code de propriété des personnes publiques), a été étendue à l'usage des

pêcheurs en 1965, puis aux piétons en 2006, et où la loi Littoral de 1986 a ajouté une servitude transversale à la servitude longitudinale des « sentiers du douanier » afin de relier les voies publiques au rivage de la mer ou aux chemins permettant d'accéder à celle-ci, la possibilité de longer les eaux et les cours d'eau apparaît légalement garantie.

396. J. Clare, « Les landes/les mœurs », traduction par A. Constantin Caille du poème « The Mores ».

397. Selon le Centre national de la propriété forestière, les trois quarts de la forêt française appartiennent à des propriétaires forestiers privés, soit environ 75 % de la forêt. En effet, le nombre de propriétaires forestiers privés est estimé à 3,3 millions. 11 % d'entre eux possèdent 76 % de la surface forestière privée (« Les chiffres clés de la forêt privée française », CNPF, 2021, p. 11, cité in L. Belluco, *loc. cit.*, p. 12).

398. Sur cette notion de communauté diffuse, voir J. Rochfeld, « Penser autrement la propriété : la propriété s'oppose-t-elle aux "communs" ? », *Revue internationale de droit économique*, 2014, vol. 28, n° 3, p. 351-369.

399. *Via* la loi du 8 août 2016 pour la reconquête de la biodiversité, de la nature et des paysages.

400. En reprenant l'argumentation de l'avocat de la commune dans l'affaire Pecq contre Bézuchet, voir l'arrêt rendu par la Cour de cassation le 23 février 1809, Recueil Sirey, 23 février 1809, tome XI, 1811, p. 283-287 ; L.-M. Devilleneuve, *Recueil général des lois et des arrêts avec notes et commentaires*, 1re série 1791-1830, p. 26-27 ; *Recueil Dalloz*, tome XII, 1824-1830, p. 1014-1015.

401. Communication orale de L. Peyen lors du colloque « Accès à la nature : état des lieux et perspectives » précité. Voir du même auteur, « L'accès à la nature en temps de crise sanitaire : l'émergence d'un droit », *Droit et Ville*, 2021, vol. 1, n° 91, p. 211-224.

402. Le titre 1er du livre II sur la navigation maritime du Code des transports français est intitulé « droit de passage inoffensif dans les eaux territoriales (art. L. 5211-1 à L. 5211-5) ; l'article L. 5211-1 dispose : « les navires, y compris les navires de guerre, battant pavillon d'un État étranger jouissent d'un droit de passage inoffensif dans les eaux territoriales françaises, dans les conditions fixées par le présent titre ».

403. P. Fauchille, *Traité de droit international public*, tome I, partie 2, Rousseau et Cie, 1925, p. 140-141.

404. P. Fauchille, *op. cit.*, p. 141, note 1, qui renvoie à Barclay (*Annuaire de l'Institut de droit international*, t. XIII, p. 305) et à Massé (*Le Droit commercial dans ses rapports avec le droit des gens et le droit civil*, t. I, p. 112).

405. Les livres II et III du Code civil sont relatifs au droit des biens ; le titre IV du livre II s'intitule « Des servitudes ou services fonciers » ; l'article 637 du Code civil définit la servitude comme « une charge imposée sur un héritage pour l'usage et l'utilité d'un héritage appartenant à un autre propriétaire ».

406. P. Fauchille, *op. cit.*, p. 141-142.

407. Un arrêt rendu le 4 février 1971 par la Cour de cassation peut être regardé comme le fondement prétorien de la théorie des troubles anormaux

du voisinage, qui retient que si « le propriétaire voisin de celui qui construit légitimement sur son terrain est tenu de subir les inconvénients normaux de voisinage », il demeure en « droit d'exiger une réparation » lorsque « les inconvénients excèdent cette limite ».

408. C'est à l'occasion de l'affaire Clément-Bayard (Req. 3 août 1915) que la Cour de cassation a consacré la théorie de l'abus de droit.

409. En ce sens, voir F.-G. Trébulle, « Environnement et droit des biens »; in *Le Droit de l'environnement*, Association Henri Capitant, p. 85 et s.

410. Sur ces notions de servitudes personnelles et de servitudes réelles, voir *supra* Borghèse.

411. Voir l'article L. 1111-1 du Code des transports et la loi d'orientation des mobilités de 2019.

412. Décision n° 79-107 DC du Conseil constitutionnel du 12 juillet 1979.

413. Décision n° 2019-823 QPC du 31 janvier 2020.

414. P. Fauchille, *op. cit.*, p. 143, § 492.

415. *Ibid.*, p. 12.

416. C. Schmitt, *op. cit.*

417. Sur les différents sens du mot propriété lors de la Révolution, voir Y. Bosc, « Intérêt général, propriété et république. Deux modèles politiques en conflit », EnCommuns, 22 mai 2024, www.encommuns.net/articles/2024-05-22-interet-general-propriete-et-republique-1

418. On pense ici à l'anthropologue et alpiniste Nastassja Martin. Voir sur la figure de l'explorateur, B. Morizot, « Ce mal du pays sans exil. Les affects du mauvais temps qui vient », *Critique*, 2019, n°s 860-861, p. 166-181.

419. Voir Th. Salvador, *La Montagne*, 2022, film 1 h 52'.

420. À propos de la notion d'indésirables, voir notamment les travaux de M. Agier et de W. Acker, lequel associe la notion d'indésirables au concept de « zone tsigane d'exclusion » pour expliquer la localisation convergente de bidonvilles et d'aires d'accueil des gens du voyage (Cité par G. Mathieu et J. Ballesta, *op. cit.*).

421. Voir *supra* p. 183.

422. J. Ballesta et G. Mathieu, « Quand les pouvoirs publics barricadent : regard sur les dispositifs anti-installation », *AOC (Analyse Opinion Critique)*, 28 août 2023, aoc.media/opinion/2023/08/27/quand-les-pouvoirs-publics-barricadent-regard-sur-les-dispositifs-anti-installation

423. Il reste que la notion d'abus de droit n'est pas reçue en droit public comme elle l'est en droit privé. Voir É. Barbin, « L'abus de droit des personnes publiques », *Les Cahiers Portalis*, 2023, vol. 1, n° 11, p. 67-80.

Chez Wildproject

Domaine sauvage fondée en 2009

Ouvrages fondateurs de la pensée écologiste

Rachel Carson	*Printemps silencieux*
Arne Næss	*Vers l'écologie profonde*
J. Baird Callicott	*Genèse. La Bible et l'écologie*
Vittorio Hösle	*Philosophie de la crise écologique*
J. Baird Callicott	*Éthique de la terre*
R. Murray Schafer	*Le Paysage sonore*
Imanishi Kinji	*Le Monde des êtres vivants*
J. Baird Callicott	*Pensées de la terre*
Pierre Restany	*Le Journal du Río Negro*
Aldo Leopold	*La Conscience écologique*
Volubilis	*Jardiner le monde*
Kenneth Strong	*Un bœuf dans la tempête. Tanaka Shozo*
Imanishi Kinji	*La Liberté dans l'évolution*
Hugh Raffles	*Insectopédie*
Arne Næss	*La Réalisation de soi*
Wendell Berry	*La Santé de la Terre*
Gary Snyder	*Le Sens des lieux*
David Grémillet	*Daniel Pauly. Un océan de combats*
Hatakeyama Shigeatsu	*La Forêt amante de la mer*
Kirkpatrick Sale	*L'Art d'habiter la Terre*
Murray Bookchin	*L'Écologie sociale*
Val Plumwood	*Dans l'œil du crocodile*
Carolyn Merchant	*La Mort de la nature*
Thom van Dooren	*En plein vol*
Imanishi Kinji	*Comment la nature fait science*
Baptiste Morizot	*L'inexploré*
Vandana Shiva	*Mémoires terrestres*
Val Plumwood	*La Crise écologique de la raison*
Ariel Salleh	*Pour une politique écoféministe*

Le Monde qui vient fondée en 2017

Vers une écologie décoloniale

Catherine & Raphaël Larrère	*Bulles technologiques*
Ghassan Hage	*Le Loup et le musulman*
Roxanne Dunbar-Ortiz	*Contre-Histoire des États-Unis*
Sarah Vanuxem	*La Propriété de la terre*
Marin Schaffner (dir.)	*Un sol commun*
Estienne Rodary	*L'Apartheid et l'animal*
R. Mathevet & A. Béchet	*Politiques du flamant rose*
Amitav Ghosh	*Le Grand Dérangement*
Collectif	*Plurivers*
Vandana Shiva	*Monocultures de l'esprit*
Mathias Rollot	*Les Territoires du vivant*
David Holmgren	*Comment s'orienter*
Lise Foisneau	*Kumpania*
Manuel Quintin Lame	*Les Pensées de l'Indien qui s'est éduqué dans les forêts colombiennes*
Collectif	*Écopsychologie*
Amitav Ghosh	*La Malédiction de la muscade*
Jean-Christophe Goddard	*Ce sont d'autres gens*

Poche fondée en 2019

Petite bibliothèque d'écologie populaire

Deborah Bird Rose	*Vers des humanités écologiques*
Isabelle Stengers	*Résister au désastre*
Emmanuel Delannoy	*L'Économie expliquée aux humains*
Collectif	*Le livre est-il écologique ?*
Rachel Carson	*Printemps silencieux*
Institut Momentum	*Le Grand Paris après l'effondrement*
Julien Gravelle	*Nitassinan*
Barry Lopez	*Réécrire l'Amérique*
J. Baird Callicott	*Genèse*
M. Rollot & M. Schaffner	*Qu'est-ce qu'une biorégion ?*
Collectif	*Les Veines de la Terre*
Emmanuel Delannoy	*Permaéconomie*
Collectif	*Les Pensées de l'écologie*
Pierre Madelin	*Carnets d'estives*
J. Baird Callicott	*Éthique de la terre*
Aldo Leopold	*La Terre comme communauté*
Hugh Raffles	*Créatures de Tchernobyl*
Anna Tsing	*Proliférations*
Lynn Margulis & Dorion Sagan	*Microcosmos*
Collectif	*Des vivants et des luttes*
Cara New Daggett	*Pétromasculinité*
Rachel Carson	*La Mer autour de nous*
Baptiste Morizot	*Les Diplomates*
Arne Næss	*Vers l'écologie profonde*
Kenneth Strong	*Tanaka Shozo, un bœuf dans la tempête*
Carolyn Merchant	*La nature comme femme*
Lynn Margulis	*Gaïa, sexe et catastrophe*
Marine Calmet	*Décoloniser le droit*
Alfredo Gomez-Muller	*Les droits de la Terre-Mère*
Vilém Flusser	*Les Enfants de Marie Curie*
Murray Schafer	*Le Paysage sonore*
Youness Bousenna	*Les Éclaireurs*
B. Lanaspeze et M. Schaffner	*Mais qui enseigne l'écologie ?*

Hors collection

François Génot	*Les Îles*
Matthieu Dumont	*Le Petit Livre des grands barbus*
Marc Molk	*Plein la vue*
Urbain, trop urbain	*Périphérique intérieur*
Cabanon Vertical	*L'Usage des formes*
Jean-Luc Brisson	*Politique des nuages*
Collectif	*Refuges périurbains. Un art à habiter*
Cabanon vertical	*L'Usage des formes*
Laurent Petit	*Happy End*
Collectif	*La Beauté d'une ville*

À partir de Marseille fondée en 2012

Le monde entier à partir d'une ville

Michel Samson & Gilles Suzanne	*À fond de cale : un siècle de jazz à Marseille*
Julien Valnet	*M.A.R.S. : histoires et légendes du hip-hop marseillais*
Le Cercle des marcheurs	*Topoguide du GR®2013*
Geoffroy Mathieu & Bertrand Stofleth	*Paysages usagés : 100 points de vue depuis le GR®2013*
L'agence Touriste	*Comment se perdre sur un GR®*
Kristine Thiemann	*À Vitrolles*
Youssouf Djibaba	*Comme des rois*
Philippe Pujol	*French Deconnection. Au cœur des trafics*
Brahim Chikhi et Rachid Santaki	*La France de demain*
Claire Duport	*Héro(s). Au cœur de l'héroïne*
Michel Samson	*Marseille en procès*

Tête nue fondée en 2011

Des histoires de lieux

Jim Harrison & Gary Snyder	*Aristocrates sauvages*
Julien Gravelle	*Nitassinan*
Michel Samson	*Une frontière française*
Paul-Hervé Lavessière	*La Révolution de Paris*
Julien Gravelle	*Musher*
Pierre Schoentjes	*Ce qui a lieu. Essai d'écopoétique*
Robinson Jeffers	*Le Dieu sauvage du monde*
Kenneth White	*Le Gang du Kosmos*
Jean Salmona	*Une fugue de Bach*
Robert Richardson	*Henry David Thoreau. Biographie intérieure*
Pierre Madelin	*Carnet d'estives*
Pascal Menoret	*Royaume d'asphalte*
John B. Jackson & Peter Brown	*Habiter l'Ouest*
Kenneth White	*Une voix dans le supermarché*
Tadeusz Konwicki	*Chronique des événements amoureux*
Yvan Detraz	*Zone Sweet Zone*
Collectif	*Le Sentier du Grand Paris*
Anne Simon	*Une bête entre les lignes*

Littératures fondée en 2024

La Terre se raconte

V. Bérot, F. Debove, J.-C. Cavallin	*Pastorales*
Matthieu Duperrex	*Voyages en sol incertain*
Rachel Carson	*Sous le vent de la mer*
Jean-Noël Falcou	*Journal d'un paysan*
Enzo Lesourt	*Le Soulèvement du Pacifique*

Certifié PEFC
Ce produit est issu de forêts gérées durablement, de sources recyclées et contrôlées
PEFC
10-31-1470
www.pefc-france.org

Achevé d'imprimer en décembre 2024 sur les presses de SEPEC pour le compte des éditions Wildproject. Numéro d'impression 12614241093.
Dépôt légal avril 2025.

IMPRIM'VERT®